할 수 있다!

구글 크롬
기초&활용

이 책의 구성

01 구글 '크롬' 시작하기

- 크롬 설치하기
- 크롬 구성 알기
- 크롬 홈 버튼 표시 및 설정하기
- 크롬 시작 페이지 변경하기
- 크롬 테마 변경하기

미·리·보·기

Google

마이크로소프트 엣지(이하 엣지)와 같이 인터넷을 연결하여 웹 페이지를 표시하는 프로그램을 웹 브라우저라고 합니다. 이번 장에서는 여러 웹 브라우저 중 구글에서 개발한 '크롬'의 설치 방법과 구성, 기본적인 설정 방법에 대해 알아보겠습니다.

8

학습 포인트 🖋
이번 장에서 학습할 핵심 내용을 소개합니다.

미리보기 🖋
학습 결과물을 미리 살펴봅니다.

🖋 **따라 하기**
과정을 순서대로 따라 해보며 누구나 쉽게
기능을 습득할 수 있습니다.

▶ 폴더 만들어 북마크 추가하기

01 검색 주소 창에 'www.sdedu.co.kr'을 입력하고 [Enter] 키를 누릅니다. 웹 사이트에 접속하면 [현재 페이지를 북마크에 추가(☆)]를 클릭합니다.

02 북마크 추가됨 대화상자가 나타나면 [폴더]의 펼침 버튼(▼)를 클릭하고 [다른 폴더 선택]을 선택합니다.

03 북마크 수정 대화상자가 나타나면 [새 폴더] 버튼을 클릭합니다. '새 폴더'가 생성되면 '자격증 공부'로 이름을 수정하고 [저장] 버튼을 클릭합니다.

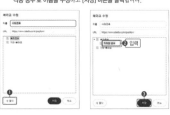

> 잠깐
> 폴더가 생성되었으므로 북마크를 추가할 때 폴더 위치를 [자격증 공부]로 지정하고 [저장] 버튼을 클릭하면 폴더 내에 추가됩니다.

26

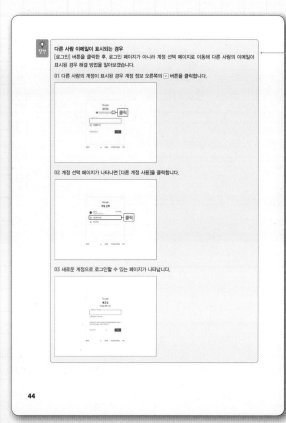

잠깐 🖋

본문에서 다루지 못한 내용이나 알아두면
유용한 내용을 설명합니다.

참고

구글 크롬은 설치 버전에 따라 일부
표현이나 기능이 교재와 다를 수 있
습니다.

🖋 **응용력 키우기** ◀

응용문제를 통해 본문에서 학습한 내용을
정리하고 복습합니다.

🖋 **준비파일** ◀

본문에서 실습하는 파일명입니다. 시대인
게시판에서 다운로드받아 사용하세요.

🖋 **힌트** ◀

응용문제를 푸는데 필요한 정보 또는 방법을
안내합니다.

이 책의 목차

예제파일 다운로드

1 시대인 홈페이지(www.sdedu.co.kr/book)에 접속한 후 로그인합니다.
※ '시대' 회원이 아닌 경우 [회원가입]을 클릭하여 가입한 후 로그인을 합니다.

2 홈페이지 위쪽의 메뉴에서 [프로그램]을 선택합니다.

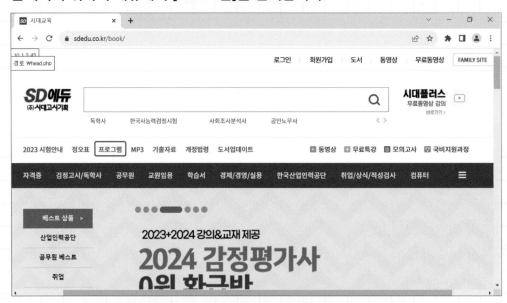

※ 홈페이지의 리뉴얼에 따라 위치나 텍스트 표현이 변경될 수도 있습니다.

3 프로그램 자료실 화면이 나타나면 책 제목을 검색합니다. 검색된 결과 목록에서 해당 도서의 자료를 찾아 제목을 클릭합니다.

○ **프로그램자료실** ⊞ >자료실 > 프로그램자료실

실기, 실무 프로그램 자료실
실기, 실무에 필요한 프로그램을 제공해 드립니다.

| 제목 ▼ | 검색어를 입력해주세요. | ⊗ Q |

전체 (251) | 글쓰기 |

[할 수 있다!] 구글 크롬 기초&활용 N
발행일 : 2024-01-05   작성일 : 2023-12-14   ⬇ 다운로드

4 해당 페이지가 열리면 파일명을 클릭합니다. 파일이 다운로드 되면 파일을 저장한 폴더로 이동합니다.

[할 수 있다!] 구글 크롬 기초&활용

발행일 : 2024-01-05   작성일 : 2023-12-14

첨부파일   🗂 할수있다_구글크롬_예제파일.zip

⬇ **다운로드**

도서 '[할 수 있다!] 구글 크롬 기초&활용'의 예제 파일입니다. 예제 파일을 다운로드받은 후 압축을 풀어 학습하세요.
*본 교재의 학습용으로만 사용하세요.

---

5 압축 해제 프로그램으로 '할수있다_구글 크롬 기초&활용-예제파일.zip' 파일을 해제하면 학습에 필요한 파일이 폴더별로 제공됩니다.

01 구글 '크롬' 시작하기

- 크롬 설치하기
- 크롬 구성 알기
- 크롬 홈 버튼 표시 및 설정하기
- 크롬 시작 페이지 변경하기
- 크롬 테마 변경하기

미/리/보/기

마이크로소프트 엣지(이하 엣지)와 같이 인터넷을 연결하여 웹 페이지를 표시하는 프로그램

을 웹 브라우저라고 합니다. 이번 장에서는 여러 웹 브라우저 중 구글에서 개발한 '크롬'의 설

치 방법과 구성, 기본적인 설정 방법에 대해 알아보겠습니다.

01 크롬 설치하기

01 '엣지'를 실행한 후, 주소 표시줄에 'www.google.com/chrome'을 입력하고 Enter 키를 누릅니다.

02 구글 사이트의 크롬 정보에 연결되면 [Chrome 다운로드] 버튼을 클릭합니다.

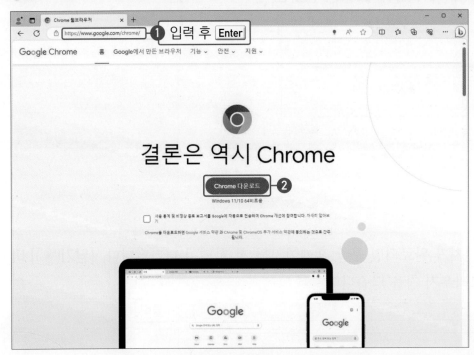

03 크롬 다운로드 안내 페이지가 나타나면 확인 후 상단 [Chrome 다운로드] 버튼을 클릭합니다.

04 프로그램 설치 과정을 거쳐 다운로드가 완료되면 최근 다운로드 기록 메세지가 나타납니다. **파일명을 클릭합니다.**

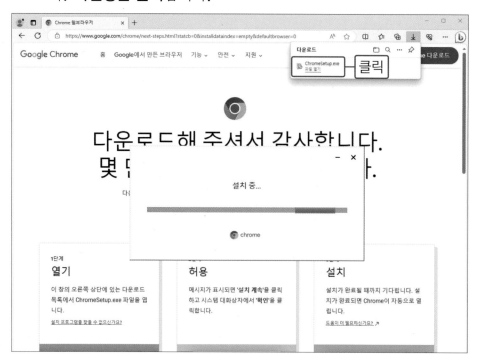

05 크롬 웹 브라우저 설치가 완료되면 구글 홈페이지의 첫 화면이 나타납니다. **[닫기(⨯)] 버튼을 클릭해 크롬 브라우저 창을 닫습니다.**

잠깐

크롬 버전 확인하기

크롬은 보안 문제로 부터 사용자를 보호하기 위해 새 버전이 출시될 때마다 자동 업데이트됩니다. 업데이트로 일부 화면 또는 메뉴 이름 등이 교재와 다르게 표시될 수도 있습니다.

01 크롬 브라우저 오른쪽의 [Chrome 맞춤설정 및 제어(⋮)]를 클릭하고 [설정]을 선택합니다.

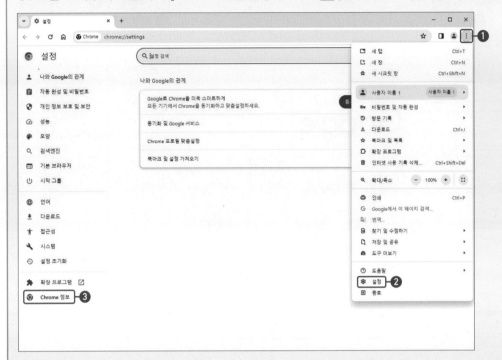

02 [설정] 탭이 나타나면 왼쪽 메뉴의 [Chrome 정보]를 선택합니다. 크롬의 현재 버전을 확인할 수 있습니다.

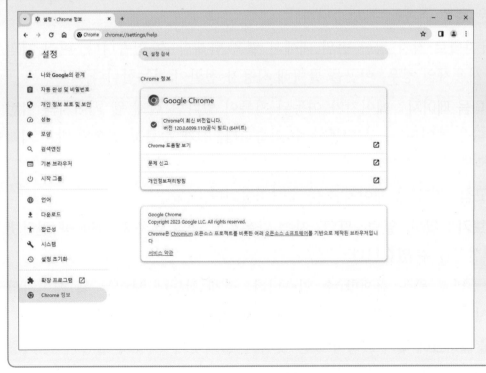

크롬 브라우저 화면 구성 알아보기

❶ **탭** : 연결된 웹 사이트(홈페이지) 또는 웹 페이지의 이름이 나타납니다. 탭 형식으로 여러 웹 페이지를 표시할 수 있습니다.

❷ **새 탭** : 새로운 탭을 추가할 수 있습니다.

❸ **프로필** : 사용자별로 각자 정한 범위 내에서 웹을 탐색할 수 있습니다. 여러 개의 구글 계정을 가진 사용자의 경우, 이곳을 클릭해 사용자 전환이 가능합니다.

❹ **이전 페이지/다음 페이지** : 페이지가 이동된 기록이 있다면 현재 웹 페이지의 이전 페이지(←) 또는 다음 페이지(→)로 이동할 수 있습니다. 길게 누르고 있으면 방문 기록을 확인할 수 있습니다.

❺ **페이지 새로 고침** : 현재 웹 페이지를 다시 불러옵니다.

❻ **사이트 정보 보기** : 위치, 알림, 팝업, 자동 다운로드 등의 허용과 차단 등 인터넷 이용 관련 사항을 설정할 수 있습니다.

❼ **검색 주소 창** : 바로 웹을 검색할 수 있습니다. 현재 화면에 보이는 웹 페이지의 주소(URL)가 표시되므로 '주소 표시줄'이라고도 합니다.

❽ **현재 페이지를 북마크에 추가** : '북마크'는 엣지의 '즐겨찾기' 기능과 같습니다. 나중에 웹 페이지를 쉽게 찾기 위해 북마크로 추가하여 기록합니다.

❾ **Chrome 맞춤설정 및 제어** : 새 탭, 새 창, 방문 기록, 다운로드, 북마크 및 기타 다양한 설정을 할 수 있습니다. 엣지의 '메뉴'와 같은 기능을 합니다.

03 홈 버튼 표시하기

01 바탕화면의 [구글 크롬(◉)]을 클릭해 크롬을 실행합니다.

02 이어서 화면 상단의 [Chrome 맞춤설정 및 제어(⋮)]를 클릭하고 [설정]을 선택합니다.

03 설정 페이지가 나타나면 [모양]에서 '사용 중지됨'으로 표시된 **[홈 버튼 표시]의 토글을 클릭합니다.**

04 [홈 버튼 표시]가 활성화되고, [페이지 새로 고침(⟲)] 옆에 ⌂ **모양이 추가된 것을 확인할 수 있습니다.**

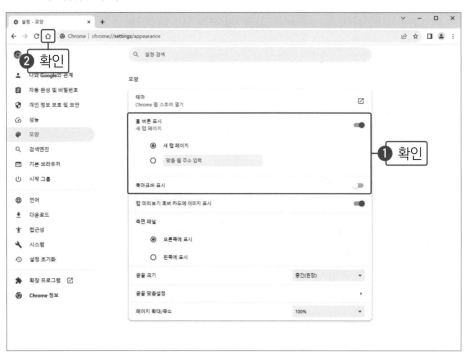

05 맞춤 웹 주소 입력란에 'www.naver.com'을 입력하고 [Enter] 키를 누릅니다. 이어서 [홈페이지 열기(⌂)]를 클릭합니다.

06 변경된 웹 사이트로 시작 페이지가 열리는 것을 확인할 수 있습니다.

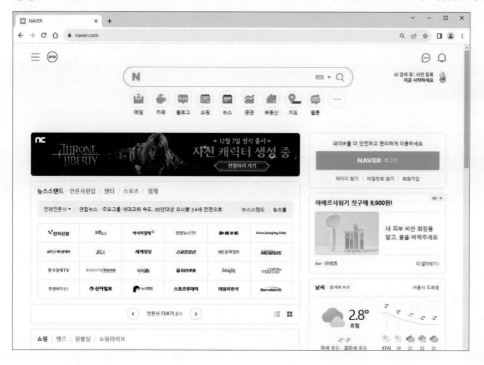

시작 페이지 변경하기

01 크롬을 다시 실행하면 홈 버튼에 등록한 페이지가 열리지 않음을 확인할 수 있습니다.

 홈 버튼의 홈페이지와 시작 페이지

크롬에서 말하는 홈페이지는 [홈페이지 열기(⌂)]를 눌렀을 때 나타나는 페이지를 말하고, 시작 페이지
는 크롬을 실행했을 때 처음 나타나는 페이지를 의미합니다. 홈 버튼의 홈페이지와 시작 페이지는 서로
다르게 설정할 수 있습니다.

02 상단의 [Chrome 맞춤설정 및 제어(⋮)]를 클릭하고 [설정]을 선택합니다.

03 설정 페이지가 나타나면 [시작 그룹]의 **[특정 페이지 또는 페이지 모음 열기]**를 선택하고 [
새 페이지 추가]를 클릭합니다.

04 새 페이지 추가 대화상자가 나타나면 [사이트 URL]의 입력란에 'www.nate.com'을 입력
하고 **[추가]** 버튼을 클릭합니다.

05 설정이 완료되면 확인하기 위해 **크롬 창을 닫습니다.**

06 다시 **크롬을 실행**합니다. [시작 그룹]에서 설정한 'www.nate.com'이 첫 페이지로 나타나는 것을 확인할 수 있습니다.

05 **크롬 테마 변경하기**

▶ 테마 설정하기

01 [Chrome 맞춤설정 및 제어(⋮)]를 클릭하고 [설정]을 선택합니다.

02 설정 페이지가 나타나면 [모양]의 **[테마]**를 클릭합니다.

03 새 탭이 열리며 [Chrome 웹 스토어] 페이지가 나타납니다. 다양한 **테마 목록 중 하나를** **선택**합니다.

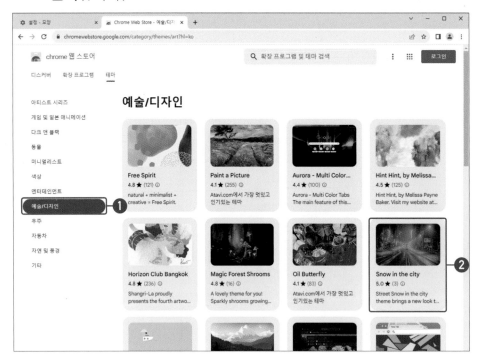

04 선택한 테마에 대한 정보를 살펴본 후 크롬에 적용하기 위해 **[Chrome에 추가]** 버튼을 클릭합니다.

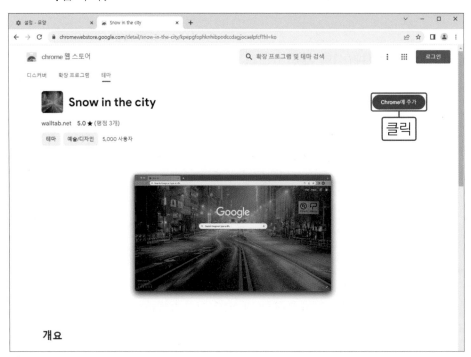

05 설치가 완료되면 [새 탭(+)]을 클릭합니다.

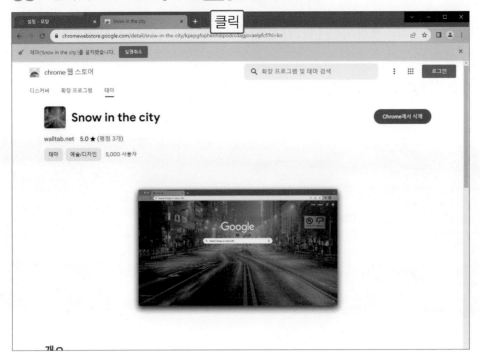

06 적용된 테마의 모습을 확인할 수 있습니다.

▶ 테마 되돌리기

01 설정 페이지를 닫지 않았으므로 여기서는 **[설정]** 탭을 클릭한 후 [모양]의 [테마]에서 **[기본 설정으로 돌아가기]**를 클릭합니다.

02 **[새 탭]** 탭을 클릭합니다. 테마가 사라진 것을 확인할 수 있습니다.

01 홈 버튼의 연결 경로를 'www.google.co.kr'로 변경해 봅니다.

02 시작 페이지의 연결 경로를 'www.google.co.kr'로 변경해 봅니다.

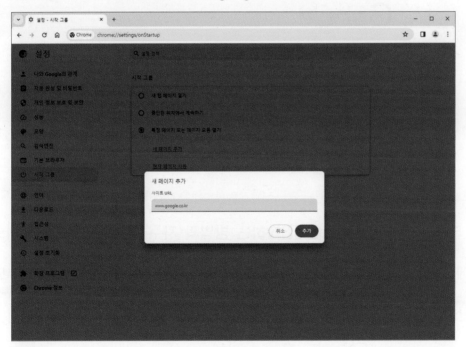

힌트

등록되어 있는 'nate' 주소 옆의 [추가 작업(⋮)]을 클릭하고 [수정]을 선택하면 시작 페이지의 연결 경로를 변경할 수 있습니다.

02 구글 '크롬' 관리하기-1

- 북마크 추가하기
- 북마크바 표시하기
- 북마크 삭제하기
- 북마크 사용하기
- 북마크바 표시 숨기기

미/리/보/기

이번 장에서는 크롬에서 여러 사이트를 접속하는 방법과 자주 가는 사이트를 '북마크'에 추가하는 방법에 대해 알아봅니다. 다만, 북마크를 너무 많이 추가하면 찾기 힘들 수도 있으니 '폴더'를 만들어 분류해 보고 '북마크 관리자'를 이용하여 등록한 북마크를 쉽게 찾는 방법도 함께 살펴보겠습니다.

북마크 추가 및 사용하기

▶ **북마크 추가하기**

01 현재 보고 있는 웹 페이지를 북마크에 추가하려면, 검색 주소 창의 [현재 페이지를 북마크에 추가(☆)]를 클릭합니다.

02 북마크 추가됨 대화상자가 나타나면 [완료] 버튼을 클릭합니다. ☆모양이 ★모양으로 바뀐 것을 확인할 수 있습니다.

▶ 폴더 만들어 북마크 추가하기

01 검색 주소 창에 'www.sdedu.co.kr'을 입력하고 [Enter] 키를 누릅니다. 웹 사이트에 접속하면 [현재 페이지를 북마크에 추가(☆)]를 클릭합니다.

02 북마크 추가됨 대화상자가 나타나면 [폴더]의 [펼침 버튼(▼)]를 클릭하고 [다른 폴더 선택]을 선택합니다.

03 북마크 수정 대화상자가 나타나면 [새 폴더] 버튼을 클릭합니다. '새 폴더'가 생성되면 '자격증 공부'로 이름을 수정하고 [저장] 버튼을 클릭합니다.

 잠깐 폴더가 생성되었으므로 북마크를 추가할 때 폴더 위치를 [자격증 공부]로 지정하고 [저장] 버튼을 클릭하면 폴더 내에 추가됩니다.

▶ 북마크에 등록된 곳으로 이동하기

01 [Chrome 맞춤설정 및 제어(⋮)]-[북마크]-[서울식물원]을 선택합니다.

02 선택한 이름에 연결된 사이트로 페이지가 이동하는 것을 확인할 수 있습니다.

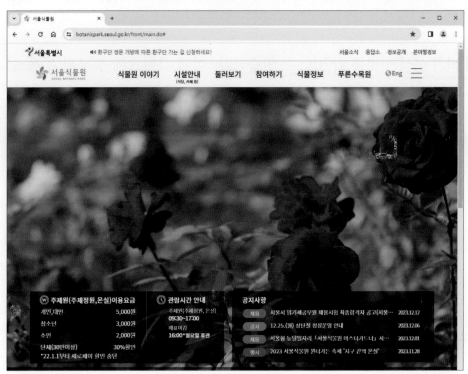

01 [Chrome 맞춤설정 및 제어(⋮)]-[북마크]-[북마크바 표시]를 선택합니다.

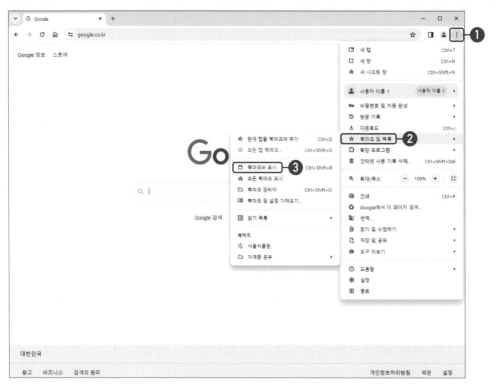

02 검색 주소 창 아래에 바가 생성된 것을 확인할 수 있습니다. 이제 북마크에 등록된 곳을 쉽게 접속할 수 있습니다.

03 북마크 삭제하기

01 등록한 북마크를 삭제하기 위해 삭제를 원하는 **북마크에 마우스 오른쪽 버튼을 클릭합니**
다. 바로 가기 메뉴가 나타나면 **[삭제]**를 선택합니다.

02 삭제한 항목이 북마크바에서 사라진 것을 확인합니다.

04 북마크바 감추기

01 북마크바의 빈 곳에 마우스 오른쪽 버튼을 클릭하고 바로 가기 메뉴의 [북마크바 표시]를 선택해 체크를 해제합니다.

02 북마크바가 페이지에서 사라진 것을 확인할 수 있습니다.

01 'EBS(www.ebs.co.kr)' 사이트에 접속하여 '자격증 공부' 폴더에 '교육의 중심 EBS'로 북마크를 추가해 봅니다.

02 다음과 같이 북마크를 추가하고 북마크바를 표시합니다.

03 구글 '크롬' 관리하기-2

- 방문 기록 살펴보기
- 방문 기록 삭제하기
- 인터넷 사용 기록 삭제하기
- 시크릿 모드 사용하기
- 게스트 모드 사용하기
- 구글 계정 만들기

미/리/보/기

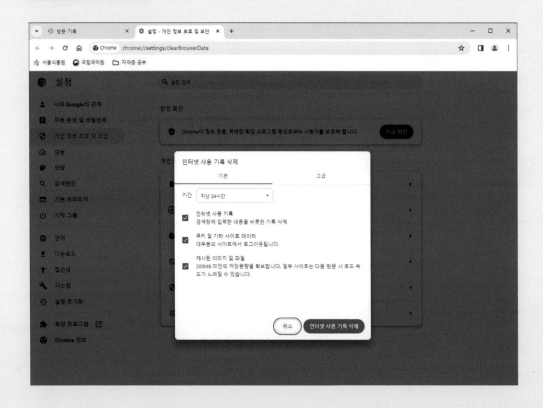

이번 장에서는 크롬을 통해 접속한 사이트의 기록을 확인하고 삭제하는 방법에 대해 알아봅니다. 또한, 방문 기록이 저장되지 않도록 비공개로 인터넷을 탐색하고 구글 계정을 만드는 방법도 함께 살펴보겠습니다.

▶ 방문 기록 확인 및 접속하기

01 크롬을 실행하고 [Chrome 맞춤설정 및 제어(⋮)]-[방문 기록]을 선택합니다.

02 최근 접속한 사이트 목록을 확인할 수 있습니다. **방문 기록 중 하나를 선택합니다.**

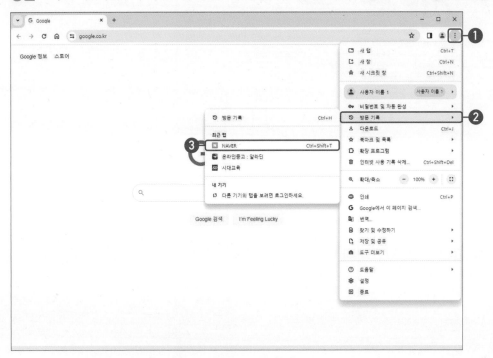

03 새 탭이 열리면서 선택한 웹 사이트로 접속되는 것을 확인합니다. [Chrome 맞춤설정 및 제어(⋮)]-[방문 기록]을 선택하면 목록에서 **해당 웹 사이트가 빠진 것을 확인할 수 있습니다.**

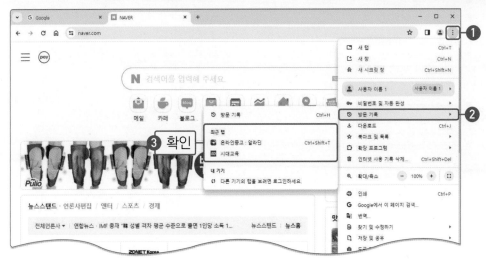

04 새 탭의 [탭 닫기(×)] 버튼을 클릭합니다.

▶ 방문 기록 찾기

01 [Chrome 맞춤설정 및 제어(⋮)]–[방문 기록]–[방문 기록]을 선택합니다.

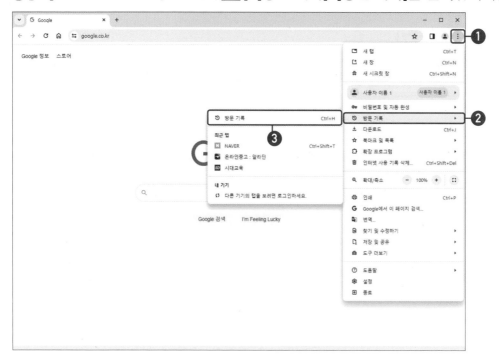

02 날짜별 방문 기록을 확인할 수 있습니다.

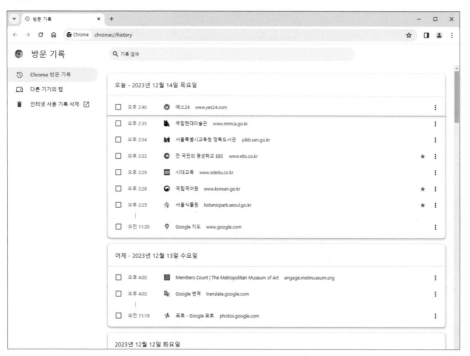

03 기록 검색 입력란에 찾고 싶은 단어를 입력하면 관련된 목록만 표시합니다.

04 기록 검색 입력란의 [검색어 지우기(⊗)]를 클릭하면 다시 모든 목록이 표시됩니다.

▶ 방문 기록 선택 삭제하기

01 방문 기록에서 **삭제하고 싶은 항목의 □를 클릭**합니다. 선택한 항목에 체크 표시가 나타나면 상단의 [삭제] 버튼을 클릭합니다.

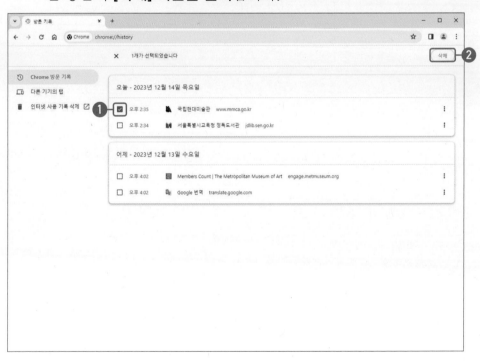

02 선택한 항목 삭제 대화 상자가 나타나면 [삭제] 버튼을 클릭합니다.

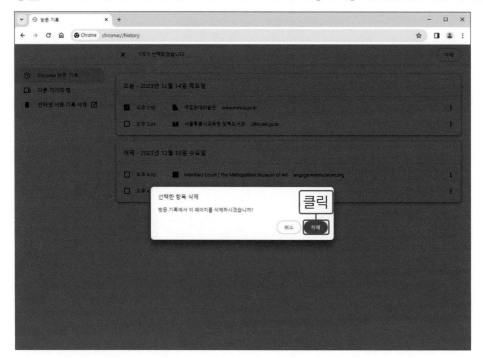

03 선택한 항목이 방문 기록에서 사라진 것을 확인할 수 있습니다.

02 인터넷 사용 기록 삭제하기

01 방문 기록 페이지의 메뉴 중 [인터넷 사용 기록 삭제]를 클릭합니다.

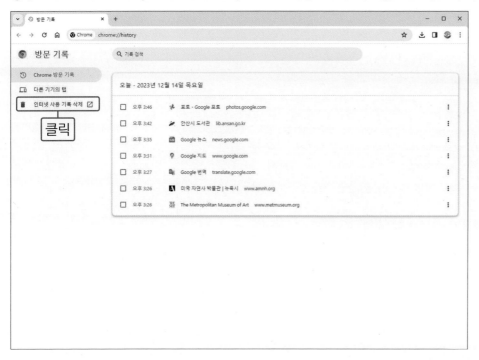

02 [설정] 탭이 새로 열리며 인터넷 사용 기록 삭제 대화상자가 나타납니다. 기간은 '지난 1시간', '지난 24시간', '지난 7일', '지난 4주', '전체 기간' 중에서 선택할 수 있습니다. 여기서는 '지난 24시간'으로 설정한 후, [인터넷 사용 기록 삭제] 버튼을 클릭합니다.

03 [설정] 탭의 [탭 닫기(⊠)] 버튼을 클릭합니다.

04 [방문 기록] 탭으로 돌아오면 지금 시각부터 24시간 전 검색한 항목이 모두 사라진 것을 확인할 수 있습니다.

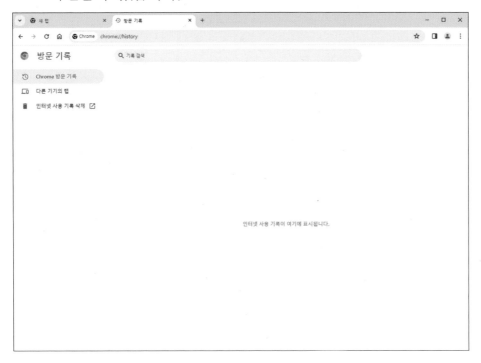

05 [방문 기록] 탭의 [탭 닫기(⊠)] 버튼을 클릭합니다.

또 다른 방법

[Chrome 맞춤설정 및 제어(⋮)]를 클릭하고 [설정]을 선택합니다. 설정 페이지 메뉴의 [개인정보 및 보안]에서 [인터넷 사용 기록 삭제]를 선택해도 설정할 수 있습니다.

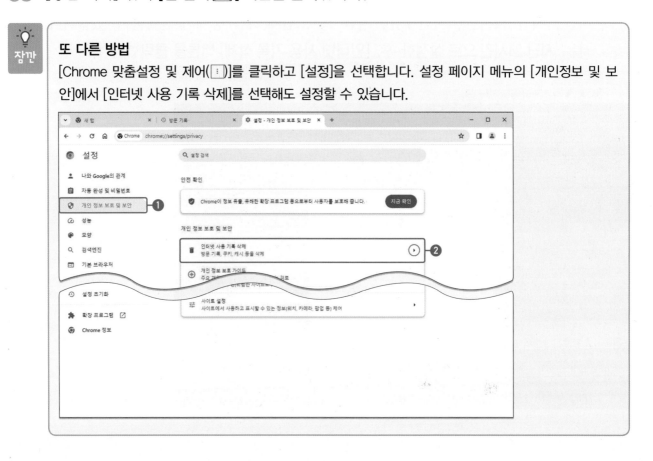

03 비공개로 인터넷 탐색하기

▶ 시크릿 모드로 시작하기

01 [Chrome 맞춤설정 및 제어(⋮)]−[새 시크릿 창]을 선택합니다.

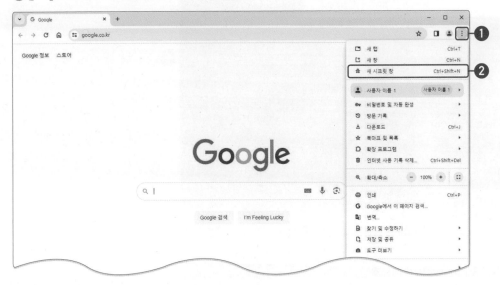

02 새 시크릿 창이 나타납니다. 북마크바에 기록된 항목을 하나 선택합니다.

 잠깐
- 시크릿 창과 일반 창 간에 전환할 수 있으며 시크릿 창 사용 시에만 시크릿 모드가 적용됩니다.
- 시크릿 모드에서는 크롬에 인터넷 사용 기록과 쿠키가 저장되지 않습니다.

03 선택한 북마크 사이트가 열립니다. [Chrome 맞춤설정 및 제어(⋮)]를 클릭하면 [방문 기록] 메뉴가 나타나지 않는 것을 확인할 수 있습니다. [Chrome 맞춤설정 및 제어(⋮)]-[북마크]에 등록한 북마크 중에 하나를 선택합니다.

 잠깐 시크릿 모드에서도 북마크 및 크롬 설정 등은 계속 볼 수 있습니다.

04 일반 모드의 크롬 창으로 이동하여 [Chrome 맞춤설정 및 제어(⋮)]-[방문 기록]-[Chrome 방문 기록]을 선택하면 방문 기록이 남지 않은 것을 확인할 수 있습니다. 시크릿 모드의 크롬 창은 닫고 일반 모드의 크롬 창에서는 [방문 기록] 탭만 닫아 줍니다.

▲ 시크릿 모드 크롬 창

일반 모드 크롬 창 ▶

▶ 게스트 모드로 시작하기

01 페이지 상단의 [프로필(●)]을 클릭하고 [게스트]를 선택합니다.

02 새 창이 나타나고 [프로필(●)] 영역이 **'게스트'로 표시된 것을 확인**할 수 있습니다.

03 [Chrome 맞춤설정 및 제어(⋮)]를 클릭하면 [방문 기록] 메뉴뿐만 아니라 [북마크] 메뉴도 없는 것을 확인할 수 있습니다.

04 게스트 모드로 새로운 사이트에 접속해 보고 일반 모드의 크롬 창에서 방문 기록을 확인해 봅니다.

▲ 게스트 모드 크롬 창

일반 모드 크롬 창 ▶

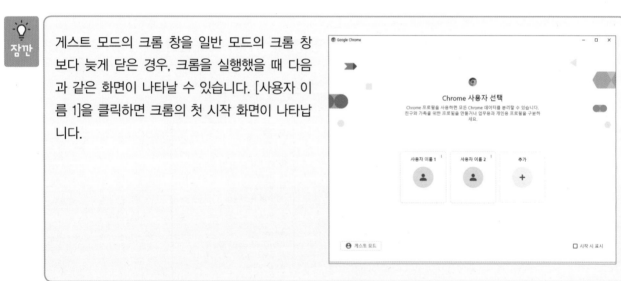

잠깐

게스트 모드의 크롬 창을 일반 모드의 크롬 창 보다 늦게 닫은 경우, 크롬을 실행했을 때 다음 과 같은 화면이 나타날 수 있습니다. [사용자 이름 1]을 클릭하면 크롬의 첫 시작 화면이 나타납 니다.

구글 계정 만들기

01 크롬을 실행하고 상단의 [로그인] 버튼을 클릭합니다.

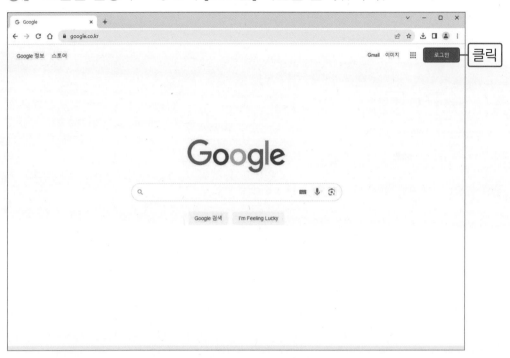

02 로그인 페이지가 나타나면 [계정 만들기]를 클릭합니다.

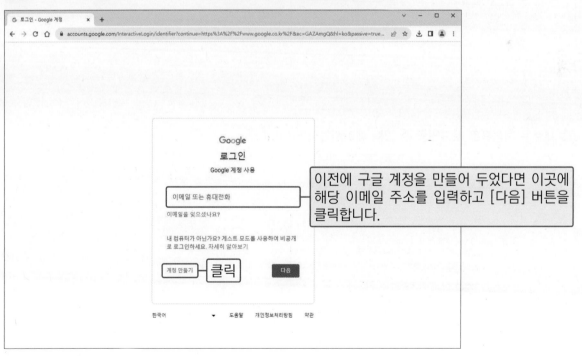

다른 사람 이메일이 표시되는 경우

[로그인] 버튼을 클릭한 후, 로그인 페이지가 아니라 계정 선택 페이지로 이동해 다른 사람의 이메일이 표시된 경우 해결 방법을 알아보겠습니다.

01 다른 사람의 계정이 표시된 경우 계정 정보 오른쪽의 ☑ 버튼을 클릭합니다.

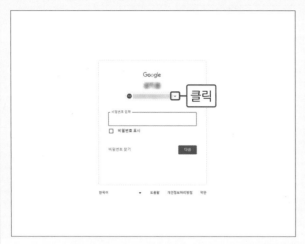

02 계정 선택 페이지가 나타나면 [다른 계정 사용]을 클릭합니다.

03 새로운 계정으로 로그인할 수 있는 페이지가 나타납니다.

03 Google 계정 만들기 페이지가 나타나면 **이름을 입력하고 [다음] 버튼을 클릭합니다. 이어서 기본 정보 입력 페이지에도 생일과 성별을 입력한 후 [다음] 버튼을 클릭합니다.**

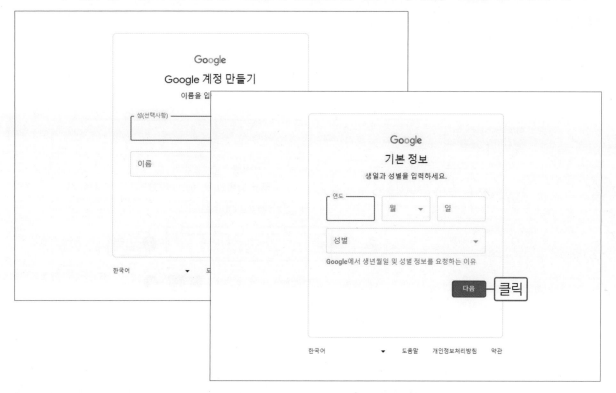

04 다음, Gmail 주소 선택하기 페이지에서 [Gmail 주소]를 선택하거나 [내 Gmail 주소 만들기]를 선택해 Gmail 주소를 만들고 [다음] 버튼을 클릭합니다. 이어서 **문자, 숫자를 조합하여 비밀번호를 만들고 [다음] 버튼을 클릭합니다.**

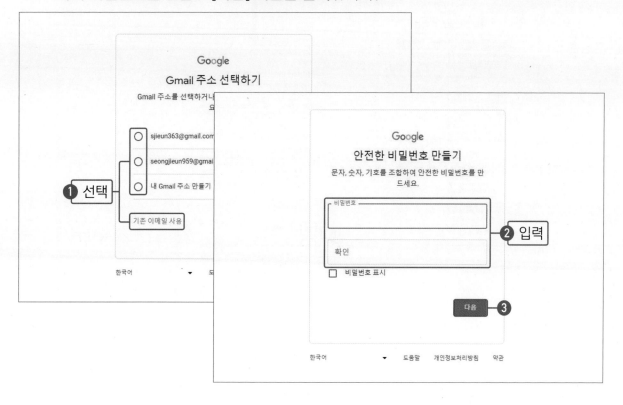

05 휴대전화로 인증 코드를 받기 위해 보안문자 입력 페이지에 **핸드폰 번호를 입력**한 후 [다음] 버튼을 클릭합니다. 이어서 코드 입력 페이지에 **인증 코드를 입력**하고 [다음] 버튼을 클릭합니다.

06 개인정보 보호 및 약관 페이지가 나타나면 **읽어본 후 [계정 만들기]** 버튼을 클릭합니다.

07 구글의 첫 페이지로 돌아갑니다. 자동 로그인되어 [로그인] 버튼에 입력한 이름이 보이는
것을 확인할 수 있습니다.

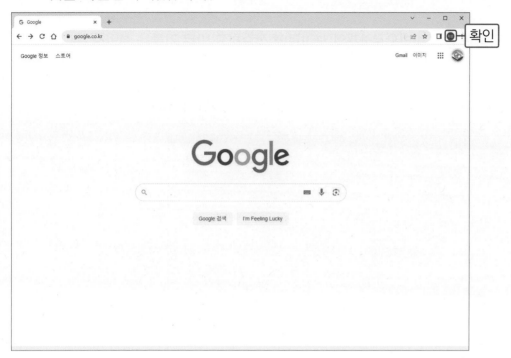

08 프로필을 클릭하고 [로그아웃] 버튼을 클릭합니다.

잠깐

크롬을 로그아웃하지 않고 종료하면 로그인 상태가 유지됩니다. 여러 사람이 함께 사용하는 컴퓨터의
경우 사용이 끝나면 잊지 말고 로그아웃합니다.

01 구글 크롬에서 다음과 같은 방법으로 4개의 사이트에 접속하고 방문 기록을 확인해 봅니다.

- 새 탭 : www.airport.kr
- 새 창 : www.archives.seoul.go.kr
- 새 시크릿 창 : lib.Seoul.go.kr
- 게스트 모드 크롬 창 : www.Snu.ac.kr

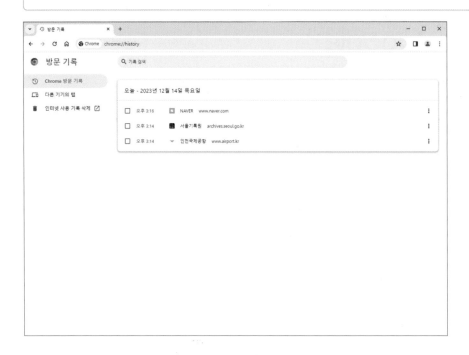

02 01번 문제의 방문 기록에서 오늘 날짜 목록 중 '서울기록원'을 빼고 모두 삭제해 봅니다.

04 구글 '검색' 앱 사용하기

- 단어 조합으로 검색하기
- 연산자를 이용해 검색 범위 좁히기
- 이미지 자료를 선별해 검색하기
- 이미지를 이용해 검색하기

미/리/보/기

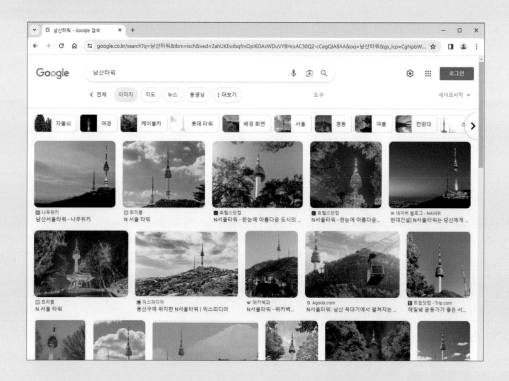

구글 '검색' 앱은 구글의 검색 서비스 페이지로 구글(www.google.co.kr) 홈페이지에 접속했을 때 나타나는 첫 페이지입니다. 다른 검색 서비스와 유사하지만, 이미지만 따로 검색할 수 있는 등 독특한 검색 기능들을 두루 갖추고 있습니다. 이번 장에서는 구글의 일반적인 검색 방법과 독특한 검색 방법들을 함께 살펴보겠습니다.

▶ 단어로 검색하기

01 크롬을 실행하고 페이지 중앙의 **검색란**을 클릭합니다.

02 검색 입력란에 '**서울**'을 입력하고 Enter 키를 누릅니다. 결과를 확인합니다.

 잠깐

위치 사용

검색 결과물에 따라 구글에서 위치 정보를 요청하는 경우가 있습니다. 허용 유무는 사용자의 필요에 따라 선택하면 됩니다.

03 이번에는 검색 입력란에 '서울 공원'을 입력하고 Enter 키를 누릅니다. 여러 개의 단어를 조합하면 한 단어로 검색했을 때와 다른 결과가 나오는 것을 확인할 수 있습니다.

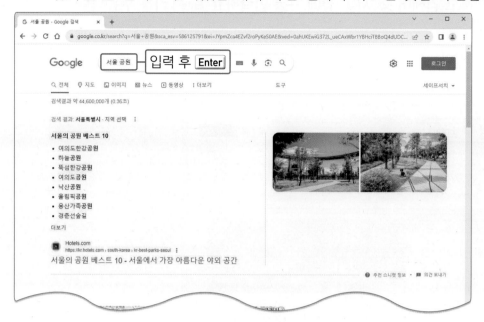

인터넷의 방대한 자료는 매시간 새로 업데이트되고 있습니다. 검색하는 시점에 따라 교재와 다른 화면이 나타날 수 있습니다.

▶ 정확히 일치하는 단어 검색하기 : [" "]

01 '서울 공원'을 큰따옴표(" ")로 묶은 후 Enter 키를 누릅니다.

02 '서울 공원'이 모두 정확하게 포함되어 검색되는 것을 확인할 수 있습니다. 검색 결과의 수도 줄어든 것을 확인할 수 있습니다.

▶ 검색어에서 단어 제외하기 : [−]

01 큰따옴표(" ")는 삭제하고 검색어 중 '서울' 앞에 '−'를 입력하고 Enter 키를 누릅니다.

02 '서울'이라는 단어가 제외된 결과가 나타나는 것을 확인할 수 있습니다.

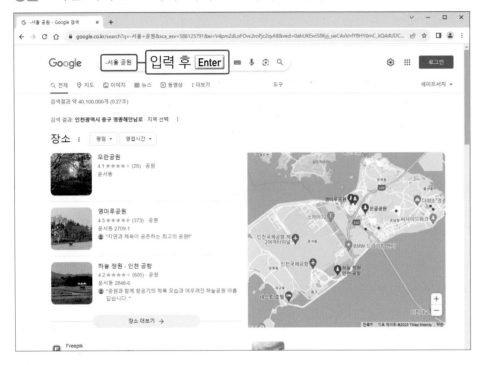

 잠깐

고급검색

• 검색어 입력란 오른쪽 [설정(⚙)] 버튼을 누르면 검색어에 연산자를 입력하지 않고 구글에서 지원하는 [고급검색] 기능을 활용할 수도 있습니다.

• '−' 연산자를 입력했을 때의 '고급검색' 화면입니다. '다음 단어 제외'에 입력되어 있는 것을 확인할 수 있습니다. 이곳을 이용하여 범위를 설정하거나 포함할 것, 제외할 것을 입력하면 각각 알맞은 연산자가 자동으로 표시됩니다.

▶ 둘 중 하나만 일치하는 단어 검색하기 : OR

01 검색 입력란에 '서울 OR 공원'을 입력하고 Enter 키를 누릅니다.

02 '서울'이라는 단어나 '공원'이라는 단어 중 하나만 포함되어 있어도 검색 결과에 표시되는 것을 확인할 수 있습니다.

 잠깐

와일드 카드(*)
검색하고 싶은 단어가 잘 생각나지 않을 경우 '*' 연산자를 활용해보는 것도 좋습니다.

▶ 특정 사이트에서 검색하기 : [site:사이트명 검색어]

01 검색 입력란에 'site:naver.com 서울 공원'을 입력하고 Enter 키를 누릅니다.

02 '네이버'에서 제공하는 '서울 공원'과 관련된 자료만 표시되는 것을 확인할 수 있습니다.

▶ 파일 형식으로 검색하기 : [filetype:확장자명 검색어]

01 검색 입력란에 'filetype:pdf 서울 공원'을 입력하고 Enter 키를 누릅니다.

02 'pdf' 확장자 형식의 문서를 제공하는 자료만 표시되는 것을 확인할 수 있습니다. 원하는 **결과를 선택하여 클릭**합니다.

03 상단에 최근 다운로드 기록 메시지가 나타나면 **파일명을 클릭**합니다.

04 선택한 파일의 내용을 확인합니다. 필요에 따라 해당 파일을 다운로드하거나 인쇄할 수 있습니다.

 검색은 빠르고 정확하게 자료를 찾는데 의의가 있습니다. 검색 사이트마다 각자의 독특한 검색 엔진을 가지고 자료를 검색하기 때문에 같은 키워드로 검색해도 결과가 다를 수 있습니다.

05 [탭 닫기(×)] 버튼을 클릭합니다.

▶ 이미지 찾기

01 [Google 앱(▦)]-[검색]을 선택하거나 'www.google.co.kr'로 설정되어 있는 [홈페이지 열기(⌂)]를 클릭합니다.

02 이미지를 검색하기 위해 구글 검색 페이지에서 **[이미지]**를 클릭합니다.

03 Google 이미지로 페이지가 바뀌면 검색 입력란에 '**남산타워**'를 입력하고 Enter 키를 누릅니다.

04 이미지 자료만 나타나는 것을 확인할 수 있습니다.

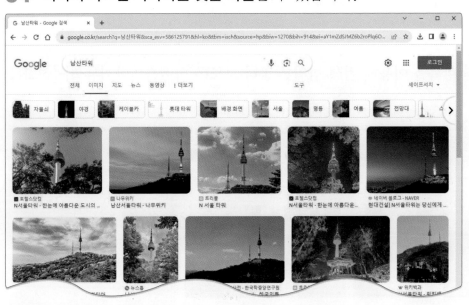

세이프서치

'세이프서치'를 설정하면 Google에서 성인용 콘텐츠(포르노 등 음란한 검색 결과)를 차단할 수 있습니다.

▶ 유형별 이미지 찾기

01 [도구] 버튼을 클릭하여 옵션 항목을 표시합니다.

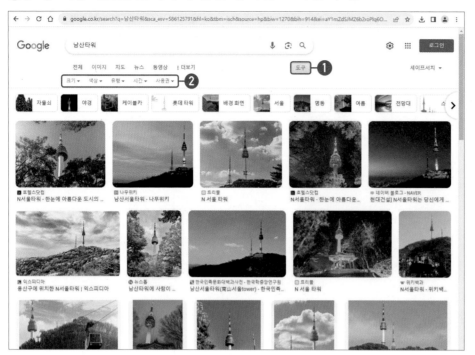

02 이미지 검색의 옵션 항목을 이용해 검색 범위를 좁혀 보도록 하겠습니다. [유형]-[선화]를 선택합니다.

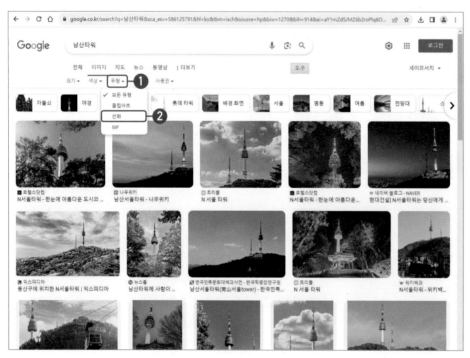

03 결과 화면에 [선화]만 나타납니다.

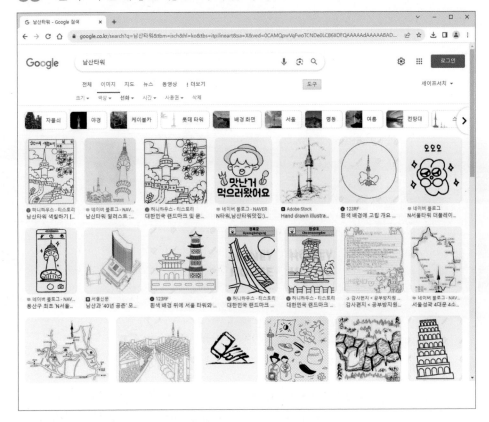

▶ 사용 권한별 이미지 찾아 다운받기

01 옵션 항목에서 [사용권]-[상업 및 기타 라이선스]를 선택합니다.

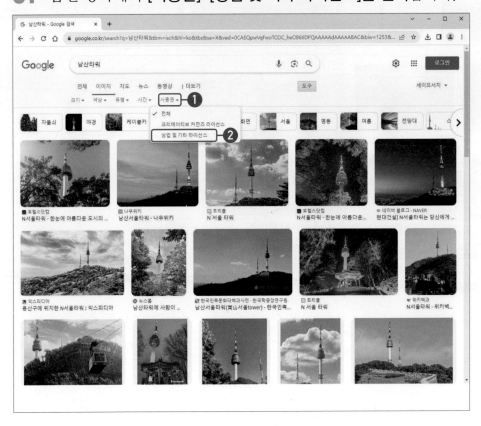

02 검색 결과가 나오면 마음에 드는 **이미지를 하나 선택**합니다.

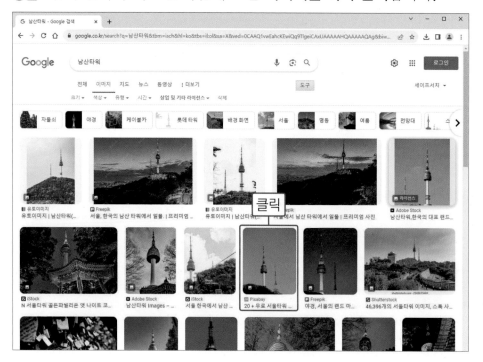

03 이미지 정보가 나타나면 [방문] 버튼을 클릭하거나 **미리 보기 화면을 클릭**합니다.

04 [다운로드] 버튼을 클릭하고 해상도를 선택한 후 다시 [다운로드] 버튼을 클릭합니다.

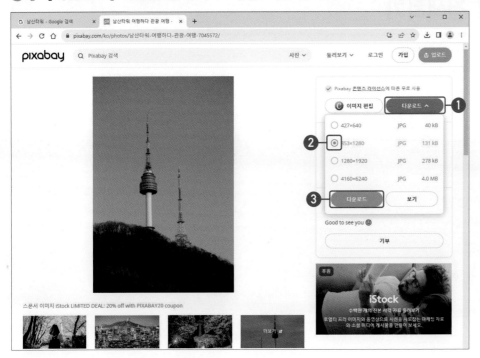

 선택한 이미지에 따라 나타나는 웹 페이지가 다를 수 있습니다. 다운로드 과정도 다를 수 있으니 유의하세요.

05 화면 상단에 최근 다운로드 기록 메시지가 나타나면 **파일명을 클릭**합니다. [다운로드] 폴더에 파일이 저장되어 있는 것을 확인할 수 있습니다.

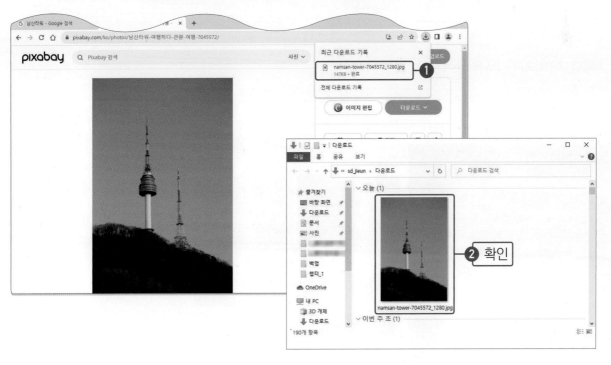

01 불필요한 탭은 닫고, 다시 이미지 검색 페이지로 이동합니다. 다운로드 이미지를 검색 입력 란으로 드래그합니다.

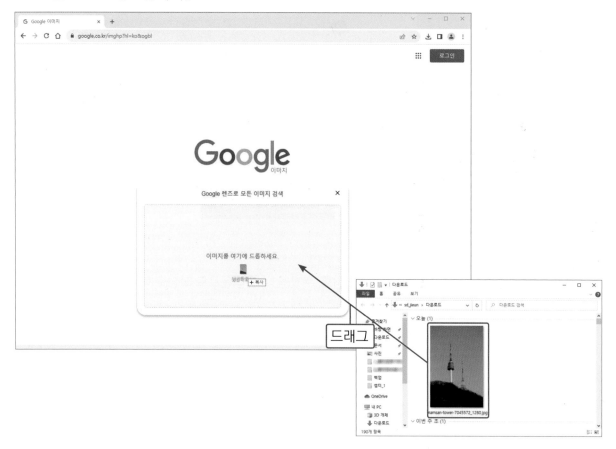

02 해당 이미지를 이용하여 정보가 검색됩니다.

01 구글 크롬에서 '대통령기록관'에 대한 정보 중 '네이버(www.naver.com)'에서 제공하는 자료만 찾아 결과를 표시해 봅니다.

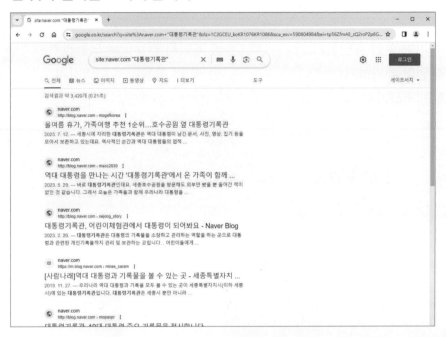

02 구글 크롬에서 '에펠탑'을 주제로 한 사진 중 '지난 1주' 이미지만을 찾아 결과를 표시해 봅니다.

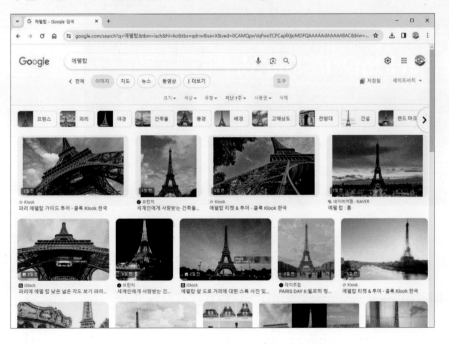

05 구글 '번역' 앱 사용하기

- 자동 번역 기능 설정 확인하기
- 자동 번역 언어 추가하기
- 웹 페이지 번역하기
- 웹 페이지 원문으로 되돌리기
- '번역' 앱 활용하여 번역하기

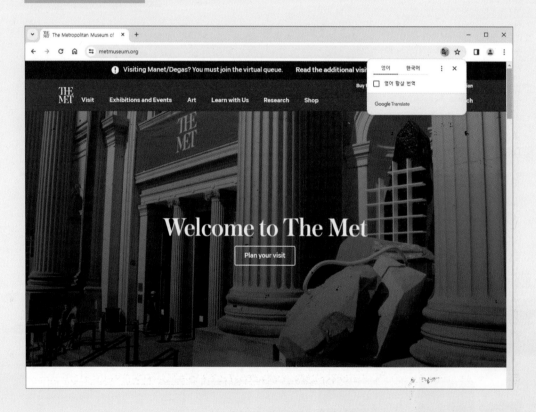

인터넷 서핑을 하다 보면 해외 웹 페이지에 접속할 때가 있고 일상생활에서 우연히 외국인과 만나 번역이 필요할 때도 있습니다. 이번 장에서는 크롬의 자동 번역 기능과 구글의 '번역' 앱을 활용해 사용자가 원하는 언어로 번역하는 방법에 대해 알아보겠습니다.

자동 번역 설정하기

01 크롬을 실행하고 [Chrome 맞춤설정 및 제어(⋮)]-[설정]을 선택합니다.

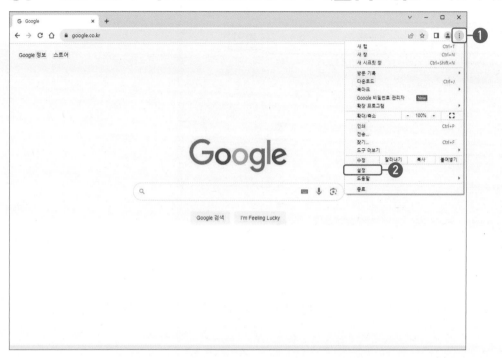

02 [설정] 탭이 나타나면 메뉴의 [언어]를 클릭합니다.

03 상세 옵션이 나타나고 현재 [한국어]가 크롬의 표시 언어로 사용 중임을 확인할 수 있습니다.

04 상하막대를 아래로 드래그해 [Google 번역 사용]의 토글이 활성화되어 있는지 확인합니다.

05 다른 나라 언어의 번역 옵션을 제공하려면 **[언어 추가]** 버튼을 클릭합니다.

06 언어 추가 대화상자가 나타나면 **[일본어]**를 입력해 선택하고 **[추가]** 버튼을 클릭합니다.

07 목록에 '일본어'가 추가된 것을 확인할 수 있습니다.

08 [설정] 탭의 [탭 닫기(×)] 버튼을 클릭합니다.

02 자동 번역 기능 활용하기

01 '메트로폴리탄 미술관(www.metmuseum.org)' 사이트에 접속합니다. 페이지 상단에 Google Translate 메시지가 나타나면 [한국어]를 클릭합니다.

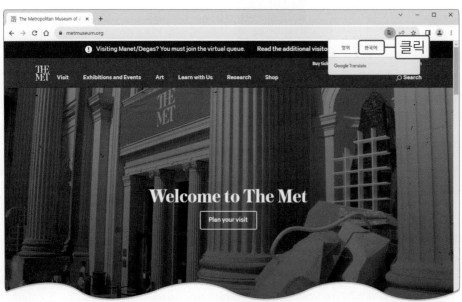

02 페이지의 영어가 **한국어로 번역되어 나타나는** 것을 확인합니다.

03 주소 검색 창의 [이 페이지 번역하기(📷)]를 클릭하여 [영어]를 **클릭**하면 번역하기 전의 페이지로 되돌릴 수 있습니다.

💡 잠깐

[이 페이지 번역하기(📷)]를 클릭한 후, [옵션] 버튼을 클릭하고 [다른 언어 선택]을 클릭하면 [번역 타겟 언어]를 다른 나라 언어로 변경할 수도 있습니다.

04 이번에는 '지브리 스튜디오(Gghibli-museum.jp)' 사이트에 접속해 봅니다. 페이지 상단의 Google Translate 메시지가 나타나면 [한국어]를 클릭합니다. 만약 메시지가 숨겨지면 주소 검색 창의 [이 페이지 번역하기()]를 클릭해 선택합니다.

05 페이지의 일본어가 한국어로 번역되어 나타나는 것을 확인합니다.

💡 **잠깐** 이미지에 텍스트가 입력된 경우에는 번역되지 않고 그대로 표현됩니다.

01 크롬을 실행하고 [Google 앱(▦)]–[번역]을 선택합니다.

02 구글 번역 페이지가 나타나면 **입력할 언어를 [한국어]로 선택**합니다. 오른쪽의 번역 언어는 **[영어]로 자동 변경**됩니다.

03 한국어 입력란에 '**우리는 벤쿠버로 여행갑니다.**'를 입력합니다. 오른쪽에 자동으로 번역된 내용이 나타납니다.

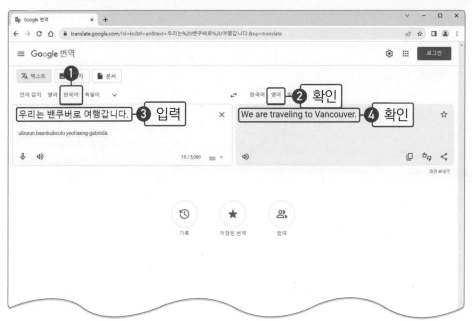

04 언어를 변경하기 위해 [펼침 버튼(▼)]을 클릭합니다. [중국어(간체)]를 선택합니다.

05 선택한 언어로 번역되었음을 확인할 수 있습니다. [듣기(◀))]를 클릭하면 소리를 들어볼 수도 있습니다.

 번역된 결과에 오역이 있을 수 있습니다.

01 '미국자연사박물관(www.amnh.org)' 사이트에 접속하여 한국어로 번역해 봅니다.

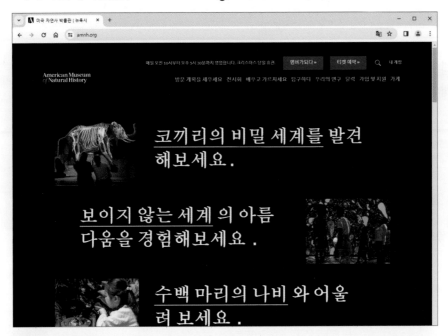

 주소 검색 창의 [이 페이지 번역하기(📑)]가 나타나지 않으면 해당 웹 페이지 화면에서 아무 곳이나 마우스 오른쪽 버튼을 클릭하면 바로 가기 메뉴가 나타납니다. [한국어(으)로 번역]을 선택해 봅니다.

02 다음과 같이 [한국어]를 [영어]로 번역해 봅니다.

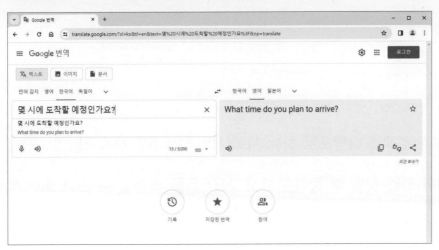

06 구글 '지도' 앱 사용하기

- '지도' 앱으로 위치 찾기
- '지도' 앱을 활용해 경로 찾기
- '지도' 앱으로 도착 시간 알아보기
- '지도' 앱을 활용해 주변 살펴보기

미/리/보/기

구글 '지도' 앱은 장소 검색을 바탕으로 하는 지도 서비스입니다. 대중교통 및 교통상황이 실시간으로 반영되어 길을 찾을 때 정확한 소요 시간 등을 확인할 수 있고 또한 위성 지도로 지도를 입체적으로 살펴볼 수도 있습니다. 이번 장에서는 구글 '지도' 앱으로 목적지 이동 방법과 스트리트 뷰를 이용하는 방법에 대해 알아보겠습니다.

'지도' 앱 실행하기

01 크롬을 실행하고 [Google 앱(▦)]-[지도]를 선택합니다.

02 [Google 지도] 탭이 새로 열립니다.

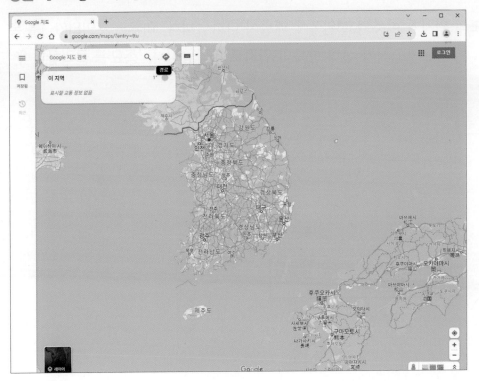

지도로 위치 찾기

▶ 핵심어로 위치 찾기

01 지도 검색 입력란에 '종묘'를 입력하고 Enter 키를 누릅니다.

02 해당 지역으로 지도의 위치가 이동되고 왼쪽에 패널이 나타납니다. 마우스 포인터(👆)를 목록으로 옮기면 지도 화면에 📍표시가 선택 항목의 위치로 나타납니다. '종묘'를 클릭합니다.

03 패널에 선택한 '종묘'의 자세한 정보가 나타납니다.

04 패널의 상하막대를 아래로 드래그하거나 마우스의 휠을 아래로 드래그하여 관련 정보들을
확인할 수 있습니다.

05 다른 방법으로 위치를 찾아보기 위해 여기서는 지도 검색의 입력란에 [검색 결과 지우기
(⊠)]를 클릭합니다.

▶ 주소로 위치 찾기

01 지도 검색 입력란에 '서울특별시 종로구 삼청로 158' 주소를 입력하고 [Enter] 키를 누릅니다.

02 해당 주소로 지도의 위치가 이동되고 입력한 주소 인근의 대표적인 장소가 나타납니다. 국립민속박물관을 클릭합니다.

03 패널에 선택한 항목의 자세한 정보가 나타납니다.

04 지도 검색 입력란의 [검색 결과 지우기(⌧)]를 클릭합니다.

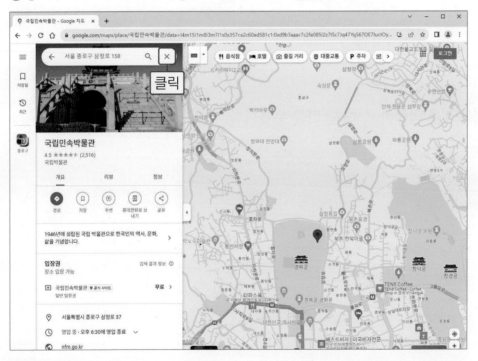

 잠깐 구글 계정으로 로그인하면 패널에 [저장]을 사용할 수 있습니다. 검색한 지도의 위치 정보를 나만의 지도에 등록할 수 있어 '나만의여행맵', '맛집투어', '역사유적지' 등의 주제별로 제작하여 활용할 수 있습니다.

(03) 지도로 길 찾기

▶ 경로 및 이동 수단, 예상 경과 시간 확인하기

01 지도 검색 입력란의 [길찾기(⬦)]를 클릭합니다.

02 출발지 입력란에 '명동역'을 입력하고 Enter 키를 누릅니다.

03 목적지 입력란으로 커서가 이동되면 '**남산타워**'를 입력하고 Enter 키를 누릅니다.

04 추천 이동 수단을 이용한 경로가 나타납니다. 경로가 여러 개일 경우 목적지까지의 최적 경로가 항상 가장 먼저 나타나며 다른 경로는 지도에 회색으로 표시됩니다. **회색 선을 클릭**해 경로를 변경합니다.

 검색 시점의 최적 경로가 표시되므로 같은 경로라 하더라도 지도 화면에 표시되는 경로가 교재의 이미지와 다를 수 있습니다

05 회색 선이 색상 선으로 변경되는 것을 확인할 수 있습니다.

▶ 지정 시간대의 이동 정보 및 상세 경로 확인하기

01 [지금 출발]을 클릭해 [출발시간]을 선택한 후 시간을 설정합니다.

02 길 찾기 목록 중 **선택한 항목의 [상세정보]를 클릭**하면 더 자세한 정보를 확인할 수 있습니다. [뒤로(←)]를 클릭합니다.

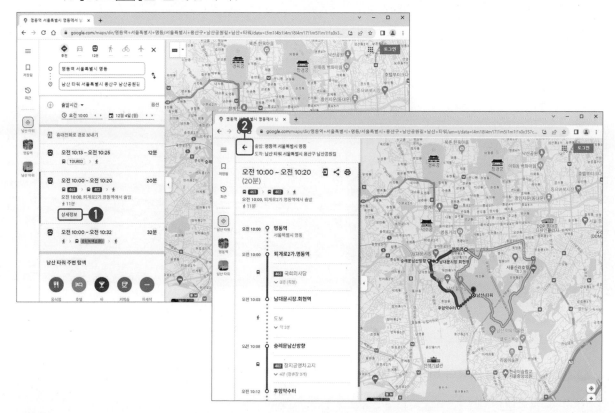

예상 시간은 현재 도로 상황 등에 따라 달라질 수 있습니다.

03 [경로 모드 닫기(×)]를 선택해 패널을 닫아 줍니다.

해외 길 찾기

구글의 '지도' 앱은 해외 여행 시에도 유용하게 활용할 수 있습니다.

예 캐나다 워터프런트역에서 가스타운 증기 시계까지

▲ '지하철' 이동 시

▲ '자전거' 이동 시

예 센트럴 파크에서 자유의 여신상까지

▲ '도보' 이동 시

▲ '자동차' 이동 시

04 검색 위치 주변 살펴보기

▶ 주변 검색하기

01 지도 검색 입력란에 '덕수궁'을 입력하고 Enter 키를 누릅니다. 패널에 '덕수궁'을 클릭하고
자세한 정보가 표시되면 [주변]을 클릭합니다.

02 주변 검색 입력란에 '미술관'을 입력하고 Enter 키를 누릅니다.

03 덕수궁 주변의 미술관들이 지도에 표시됩니다.

▶ 위성으로 보기

01 [측면 패널 접기(◀)]를 클릭하여 패널을 숨긴 후, 지도 화면 하단의 [위성]을 클릭합니다. 위성 화면이 지도에 표시됩니다.

02 위성 화면 하단의 [지도]를 클릭해 원래 화면으로 돌아갑니다.

▲ '지도' 화면

'위성' 화면 ▶

▶ 스트리트 뷰 이미지로 탐색하기

01 [스트리트 뷰 이미지 탐색(👤)]을 클릭합니다.

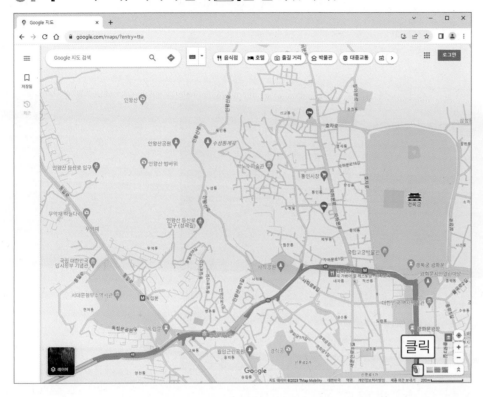

02 스트리트 뷰가 실행되면 **탐색하고 싶은 곳을 클릭**합니다.

03 스트리트 뷰가 실행됩니다. 화면의 방향을 수정하기 위해 **나침반 모양의 왼쪽 화살표를 클릭**합니다.

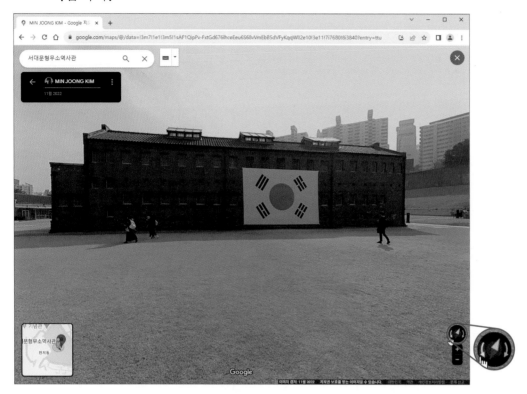

04 시계 반대 방향으로 화면이 회전됩니다.

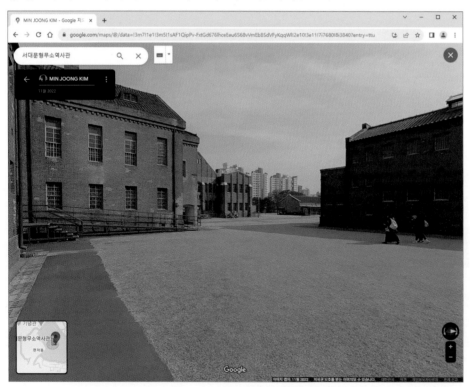

05 스트리트 뷰 화면의 마우스 포인터에 **방향 화살표가 나타나면 클릭**합니다. 선택한 방향으로 화면이 전진하는 것을 확인할 수 있습니다.

06 이번에는 **화면을 클릭한 채 상하좌우로 드래그**하여 주변 상황을 살펴봅니다.

01 '서울특별시 송파구 잠실동 47' 주변의 '테마파크' 위치를 표시한 위성 사진을 확인해 봅니다.

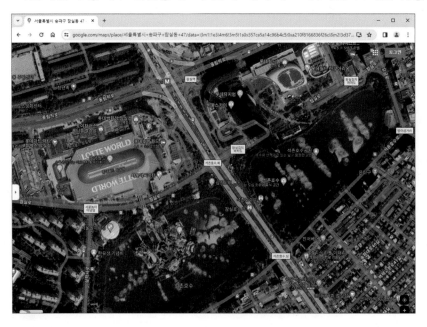

힌트 구글의 '지도' 앱 실행 → 주소 입력 → '주변' 선택 후 '테마파크' 검색 → 측면 패널 숨기기 → 왼쪽 하단의 '위성' 클릭

02 '버킹엄 궁전'에서 '빅 벤'까지 가는 운전 경로를 찾아 봅니다.

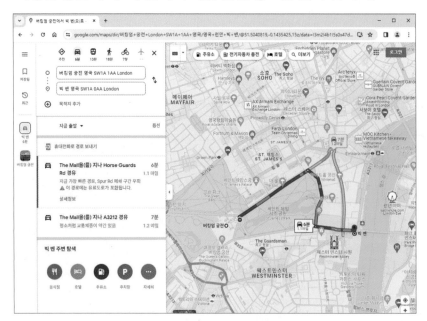

07 구글 '뉴스' 앱 사용하기

- '뉴스' 앱 시작하기
- 보고 싶은 '뉴스' 검색하기
- 나만의 뉴스 라이브러리 만들기
- 관심 있는 뉴스 골라보기

미/리/보/기

구글에서는 구글 계정으로 로그인해야만 사용할 수 있는 몇 가지 서비스를 제공하는데 구글 계정을 활용하면 사용자별로 크롬 환경 및 서비스 일부를 저장해 나만의 정보를 구축할 수 있습니다. 이번 장에서는 구글 계정으로 로그인한 후 '뉴스' 앱의 활용 방법에 대해 알아보겠습니다.

01 크롬을 실행하고 [Google 앱(▦)]-[뉴스]를 선택합니다.

02 주요 뉴스 목록이 나타납니다. 기사를 클릭하면 해당 신문사 사이트 탭이 새로 열립니다.

03 [탭 닫기(×)] 버튼을 클릭해 기사가 표시된 페이지 탭은 닫아 줍니다.

보고 싶은 뉴스 찾기

01 뉴스 페이지 상단의 **검색 입력란**을 클릭합니다.

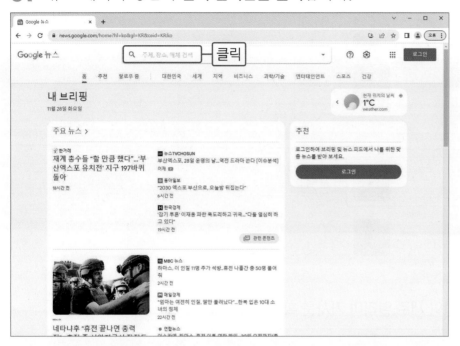

02 보고 싶은 **뉴스**의 키워드를 입력한 후 Enter 키를 누릅니다.

03 검색 결과 중 원하는 뉴스를 클릭합니다.

04 해당 신문사 사이트의 탭이 새로 열리며 기사를 확인할 수 있습니다.

▶ 로그인하기

01 뉴스 페이지 상단의 [로그인] 버튼을 클릭합니다.

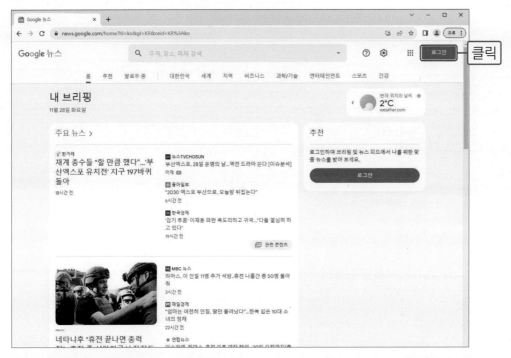

02 로그인 페이지가 나타납니다. 사용자의 메일 주소가 맞으면 **비밀번호를 입력**하고 [다음]
버튼을 클릭합니다.

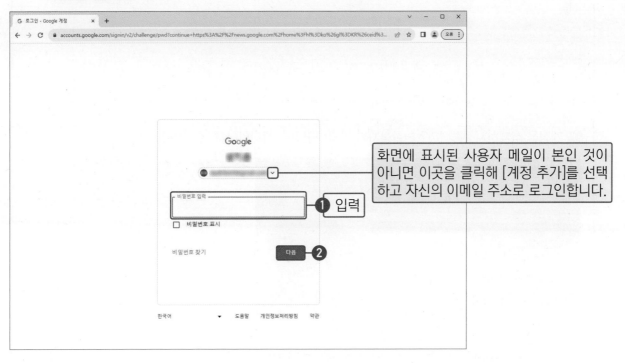

화면에 표시된 사용자 메일이 본인 것이
아니면 이곳을 클릭해 [계정 추가]를 선택
하고 자신의 이메일 주소로 로그인합니다.

계정 정리하기

개인 PC가 아닌 공용 PC를 이용해 크롬에 접속한 경우 로그인 페이지에 자동으로 내 계정이 등록되었을 수도 있습니다. [계정 삭제]를 이용해 반드시 등록된 계정을 삭제해 주세요.

01 크롬에 등록된 계정이 여러 개일 경우 계정 선택 페이지가 나타납니다. 계정을 선택하면 해당 계정의 로그인 화면이 표시됩니다. 항목을 제거하려면 [계정 삭제]를 클릭합니다.

02 ID 옆에 ⊖ 표시가 나타납니다. 삭제할 항목의 ⊖를 클릭합니다.

03 계정을 삭제하시겠습니까? 대화상자가 나타나면 [예, 삭제합니다.]를 선택합니다.

▶ 관심 있는 뉴스만 골라 보기

01 뉴스 페이지의 카테고리에서 **[스포츠]**를 선택합니다.

02 스포츠 페이지가 나타납니다. 상단의 **[팔로우]** 버튼을 클릭해 스포츠 주제를 팔로우합니다.

03 [팔로우 중]으로 버튼이 바뀐 것을 확인할 수 있습니다.

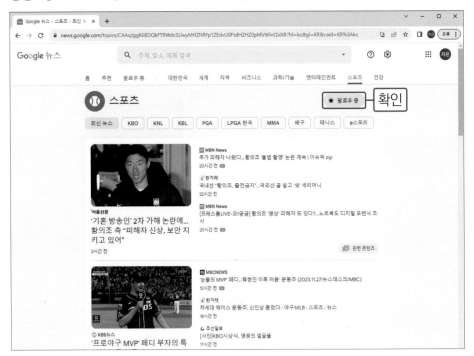

 '팔로우 중'인 뉴스의 주제를 확인하고 싶다면 뉴스 검색란 아래 [팔로우 중] 버튼을 클릭합니다. 라이브러리에서 현재 팔로우하고 있는 주제의 확인이 가능하며 삭제할 수도 있습니다.

▶ 관심 있는 지역 뉴스 확인하기

01 뉴스 페이지 상단의 [팔로우 중]을 클릭합니다. '주제 및 매체'의 [지역]에서 [지역 뉴스 관리]를 클릭합니다.

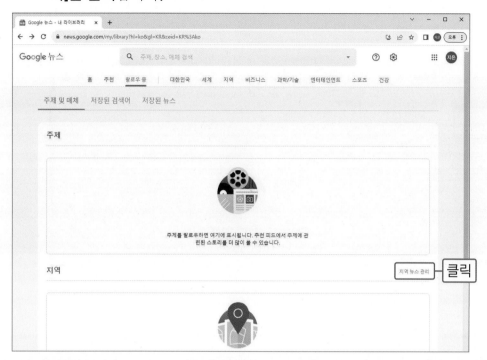

02 지역 뉴스 관리의 검색 입력란에 '서울특별시'를 입력하고 Enter 키를 누른 후 검색 결과를 클릭합니다.

03 [지역 뉴스] 영역의 [서울특별시]를 클릭하고 [팔로우 중]을 클릭합니다. [지역] 아래에 서울특별시가 추가된 것을 확인할 수 있습니다.

04 뉴스 페이지 상단의 [지역]을 클릭합니다. '서울특별시'의 뉴스만 모아 보여줍니다.

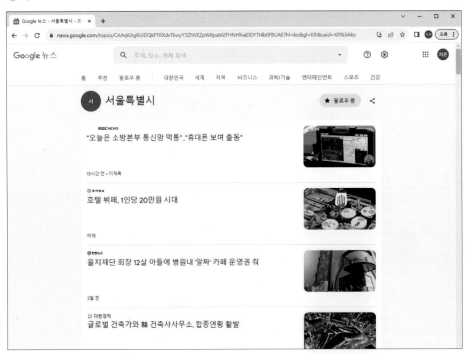

01 로그인한 후 다음과 같이 '비즈니스' 주제를 팔로우해 봅니다.

02 로그인한 후 [지역 뉴스]에 '부산광역시'를 추가해 봅니다.

08 구글 'Gmail' 앱 사용하기

- 서명 추가하여 메일 쓰기
- 메일에 이모티콘 추가하기
- 단체 메일 발송하기
- 주소록에 연락처 추가하기
- 라벨 표시하여 메일 구분하기
- 메일 삭제하기

미/리/보/기

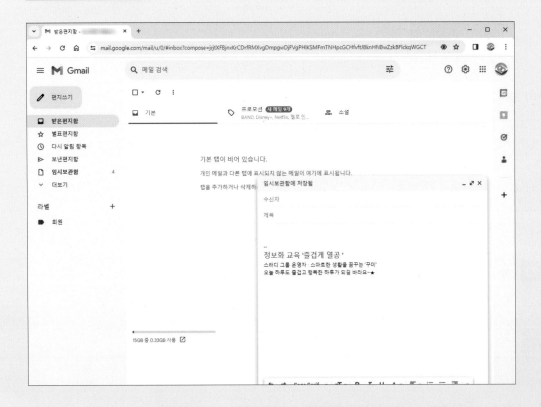

메일 서비스는 다양한 포털 사이트에서 운영하고 있지만 각 사이트별 기능은 조금씩 다릅니다. 이번 장에서는 구글에서 지원하는 'Gmail' 앱 서비스를 살펴보며 주소록을 이용해 단체 메일을 발송하고 메일 관리를 위한 라벨 지정 방법에 대해 알아보겠습니다.

'**Gmail**' **앱 실행하기**

01 크롬을 실행한 후, 페이지 상단의 [Gmail]을 클릭합니다.

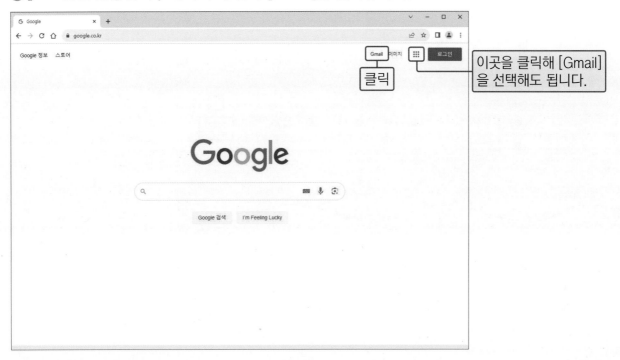

02 Google 계정 로그인 페이지가 나타납니다. 본인 계정이 맞으면 **비밀번호를 입력**하고 [다음] 버튼을 클릭합니다.

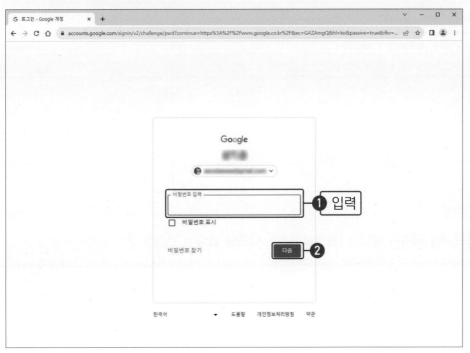

 검색 페이지 상단의 [로그인] 버튼을 클릭하여 로그인한 후 [Gmail]을 선택해도 됩니다.

03 Gmail의 받은편지함 페이지가 나타나고 처음 실행한 경우 Gmail 설정 창이 보입니다. 오른쪽 상단의 ⓧ를 클릭합니다.

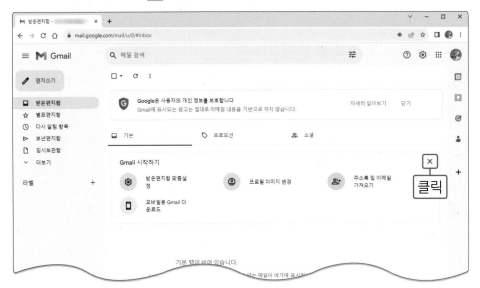

04 설정 창이 사라진 Gmail의 첫 페이지가 나타납니다.

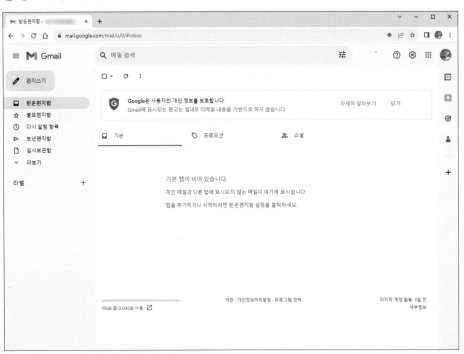

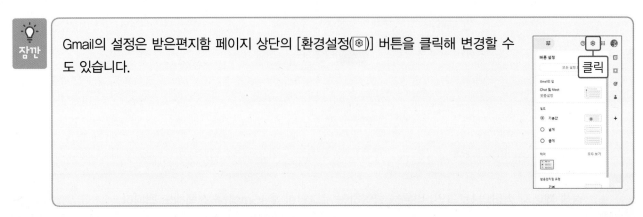

잠깐

Gmail의 설정은 받은편지함 페이지 상단의 [환경설정(⚙)] 버튼을 클릭해 변경할 수 도 있습니다.

서명 만들기

01 [환경설정(⚙)] 버튼을 클릭한 후, [모든 설정 보기] 버튼을 선택합니다.

02 Gmail의 설정 페이지가 나타나면 **상하막대를 아래로 드래그**하여 [서명]을 찾습니다. [서명]의 입력란에 자신의 정보(소속, 연락처, 주소 등)나 좋아하는 인용구 등의 글자를 입력합니다.

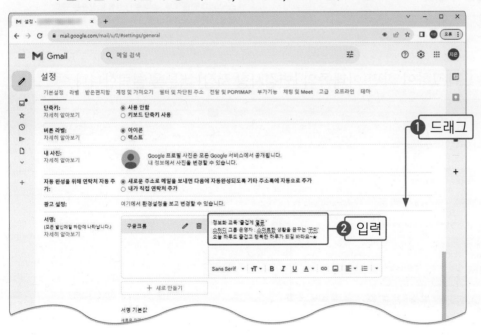

 잠깐 서명은 메일의 바닥글로 자동 추가됩니다. 글꼴 및 밑줄 등의 다양한 글자 모양에 관한 서식을 지정할 수도 있고, 정렬이나 목록 형태 등의 문단 모양에 관한 서식을 지정할 수도 있습니다. 이미지 추가도 가능해 명함을 스캔 받아 추가할 수도 있습니다.

03 서식을 적용할 글자들을 드래그하여 블록을 지정한 후, [크기(⊤)]를 클릭해 [크게]를 선택합니다.

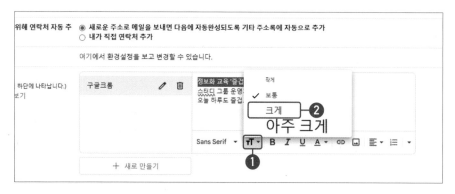

04 이어서 [텍스트 색상(A)]을 클릭해 색상을 선택합니다.

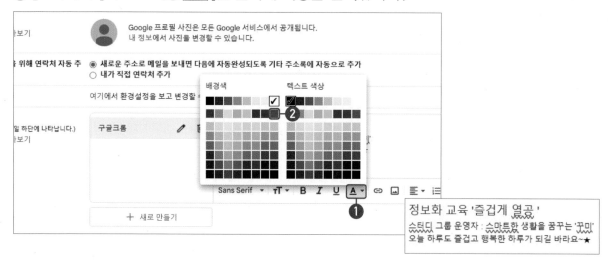

05 상하막대를 아래로 드래그하여 화면 아래쪽의 [변경사항 저장] 버튼을 클릭합니다.

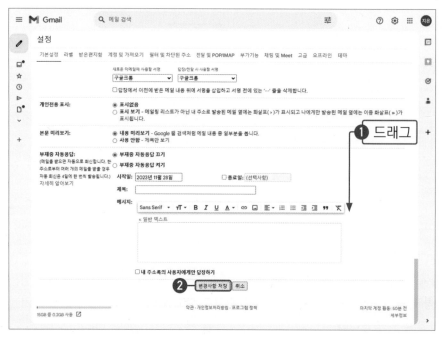

▶ 텍스트 메일 쓰기

01 Gmail의 받은편지함 페이지에서 [편지쓰기] 버튼을 클릭합니다. '새 메일' 창이 나타나고 내용 입력란에 저장한 서명 내용이 추가되어 있는 것을 확인할 수 있습니다.

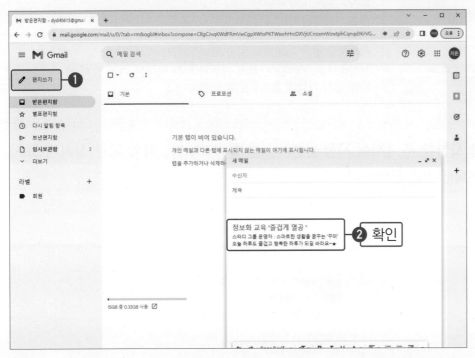

02 받는사람 입력란에 **상대방의 이메일 주소를 입력**합니다.

 '새 메일' 창에서 [받는사람] 영역을 클릭하면 주소록이 호출됩니다. 등록된 지인들의 이메일 주소를 선택할 수 있습니다.

03 '제목' 입력란과 '내용' 입력란에 각각 **메일의 제목과 내용을 입력**합니다.

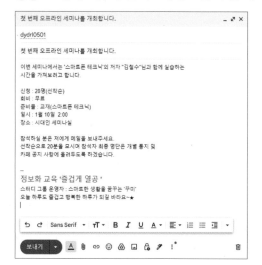

[입력 내용]

이번 세미나에서는 '스마트폰 테크닉'의 저자 "김철수"님과 함께 실습하는 시간을 가져보려고 합니다.

신청 : 20명(선착순)

회비 : 무료

준비물 : 교재(스마트폰 테크닉)

일시 : 1월 10일 2:00

장소 : 시대인 세미나실

참석하실 분은 저에게 메일을 보내주세요.

선착순으로 20분을 모시며 참석자 최종 명단은 개별 통지 및 카페 공지 사항에 올려두도록 하겠습니다.

04 다음과 같이 **블록을 지정**한 후, **[서식 지정 옵션(△)]을 클릭**합니다. 서식 도구 상자가 표시되면 **[글머리기호 목록(≔)]을 선택**합니다.

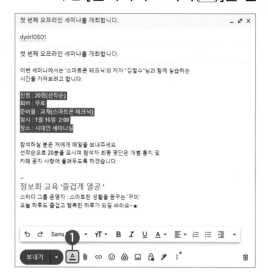

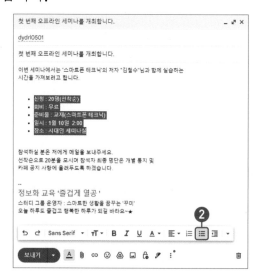

05 다시 **[서식 지정 옵션(△)]을 클릭**해 서식 도구 상자를 숨깁니다.

▶ 지도 검색하여 공유하기

01 [새 탭(+)]을 클릭합니다.

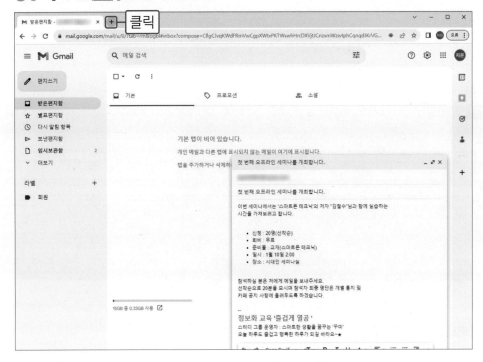

02 페이지 상단의 [Google 앱(⠿)]-[지도]를 선택합니다.

03 지도 검색 입력란에 '서울특별시 마포구 도화동 큰우물로 75'를 입력하고 Enter 키를 누릅니다. 왼쪽의 검색 결과 정보가 담긴 패널에서 [공유]를 클릭합니다.

04 URL 정보가 나타나면 [링크 복사]를 클릭하거나 URL을 블록 지정한 후 Ctrl + C 키를 눌러 복사합니다. 공유 대화상자와 [Google 지도] 탭을 닫습니다.

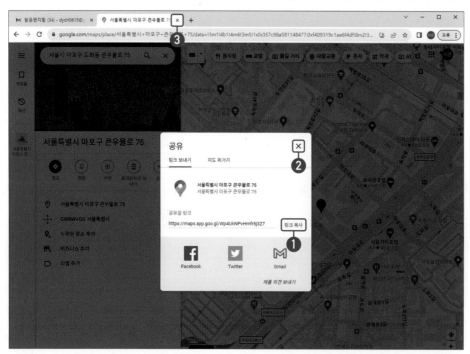

05 '새 메일' 창으로 돌아온 후, 메일 쓰기 창에 URL을 추가할 곳을 클릭하고 [링크 삽입(🔗)]을 선택합니다.

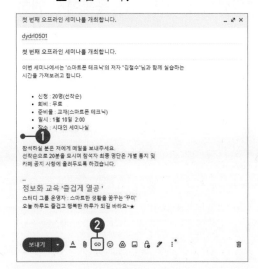

06 링크 수정 대화상자의 [링크 대상] 영역에 **웹 주소 입력란을 클릭**합니다. `Ctrl` + `V` 키를 눌러 복사해 둔 URL 정보를 붙여넣기합니다. 이어서 [표시할 텍스트]의 입력란을 클릭해 '오시는길'로 수정하고 [확인] 버튼을 클릭합니다.

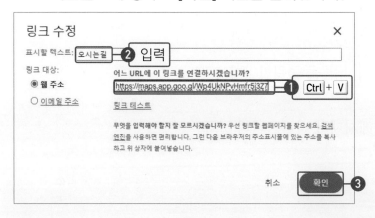

07 메일 내용에 링크가 삽입된 것을 확인할 수 있습니다.

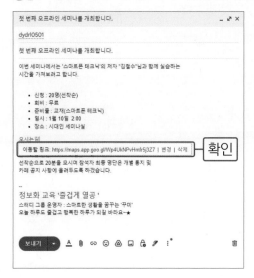

▶ 이모티콘 삽입하기

01 커서의 위치를 이동한 후 [그림 이모티콘 삽입(☺)]을 클릭합니다. 이모티콘 목록에서 원하는 모양을 선택합니다.

02 선택한 이모티콘이 추가되면 [그림 이모티콘 삽입(☺)]을 한 번 더 클릭합니다.

▶ 메일 보내기

01 메일 작성을 모두 완료했다면 [보내기] 버튼을 클릭합니다.

02 '새 메일' 창의 하단으로 전송 확인 메시지가 나타납니다.

 전송 확인 메시지의 [메일 보기]나 왼쪽 메뉴의 [보낸편지함]을 클릭하면 보낸 메일 내용을 확인할 수 있습니다.

주소록 만들어 활용하기

▶ 주소록에 추가하기

01 메일을 자주 이용한다면 주소록에 메일 주소를 등록해두고 활용하는 것이 좋습니다. 크롬을 실행하고 [Google 앱(⠿)]-[주소록]을 선택합니다.

02 로딩 화면이 나타나고 잠시 후 주소록의 첫 페이지가 나타납니다.

03 주소록 메뉴의 [연락처 만들기(➕)] 버튼을 클릭하고 [연락처 만들기]를 선택합니다.

04 연락처 입력란에 이름, 이메일, 전화번호 등 등록할 사람의 개인 정보를 입력하고 [저장] 버튼을 클릭합니다.

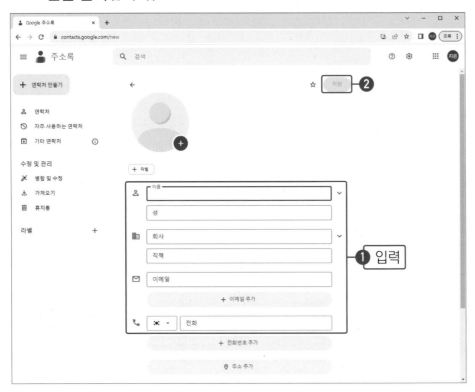

05 연락처 세부정보가 표시되면 확인한 후, 주소록 메뉴의 **[연락처]**를 클릭합니다.

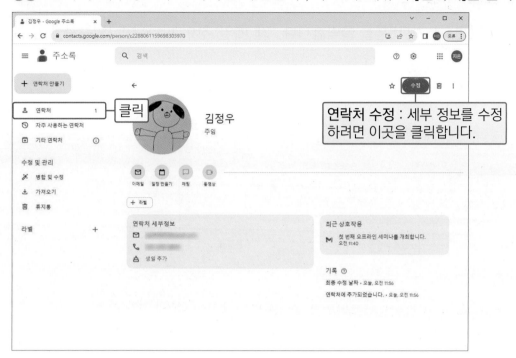

06 연락처 목록에 추가된 것을 확인할 수 있습니다. 같은 방법으로 다른 사람의 연락처도 추가하고 Google 주소록 페이지를 닫아 줍니다.

잠깐 주소록 목록에서 연락처 항목으로 마우스 포인터를 이동하면 다음과 같이 오른쪽에 편집 기능이 나타납니다. 등록 후에도 수정 또는 삭제가 가능합니다.

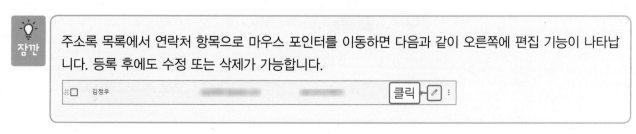

▶ 여러 사람에게 같은 내용 편지 보내기

01 Gmail 페이지에서 [편지쓰기] 버튼을 클릭합니다. '새 메일' 창이 나타나면 [받는사람]을 클릭합니다.

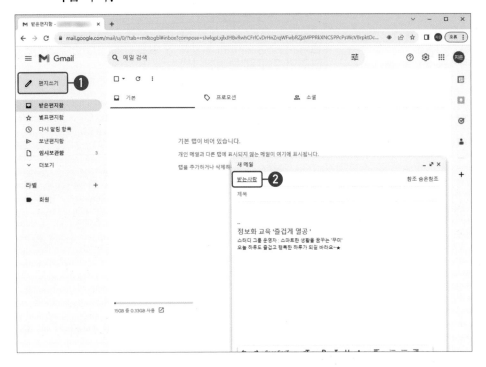

02 연락처 선택 대화상자가 나타나고 주소록 목록 중 메일을 보낼 대상을 선택해 체크 표시합니다. 여기서는 [전체 선택]에 체크 표시하고, [삽입] 버튼을 클릭합니다.

03 받는사람 입력란에 선택한 이름이 모두 삽입된 것을 확인합니다. **제목과 내용을 입력한 후 [보내기] 버튼을 클릭합니다.**

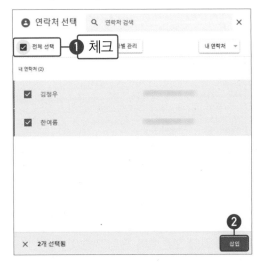

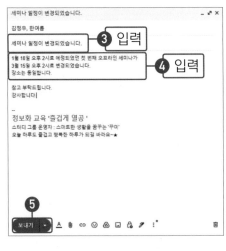

받은 메일 확인 및 답장하기

01 다른 사람이 보낸 메일은 Gmail의 **[받은편지함]**으로 자동 보관됩니다. 다른 사이트의 메일 서비스와 마찬가지로 **제목을 클릭**해 내용을 확인합니다.

02 메일의 내용을 모두 확인했으면 **[답장(↩)]** 버튼을 클릭합니다.

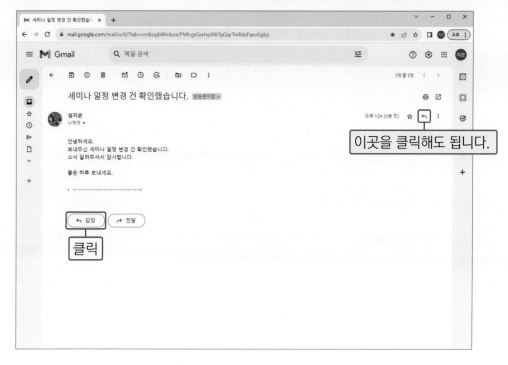

03 '답장 입력' 창이 활성화되면 [잘린 본문 표시(⋯⋯)] 버튼을 클릭해 숨겨진 내용을 확인합니다. 여기서는 **원문 내용을 블록 지정**하여 Delete 키를 누릅니다.

04 전송할 **내용을 입력**한 후 [보내기] 버튼을 클릭합니다. 메일이 성공적으로 전송됐습니다.

▶ 라벨 달기

01 Gmail 메뉴의 [받은편지함]을 클릭한 후 라벨을 적용할 **메일을 선택**합니다. 이어서 상단의 [라벨(■)]을 클릭하고 라벨 목록이 나타나면 메일을 분류할 라벨을 선택합니다. 없으면 [새로 만들기]를 선택합니다.

02 새 라벨 대화상자가 나타나면 **입력란에 '회원'을 입력**하고 [만들기] 버튼을 클릭합니다.

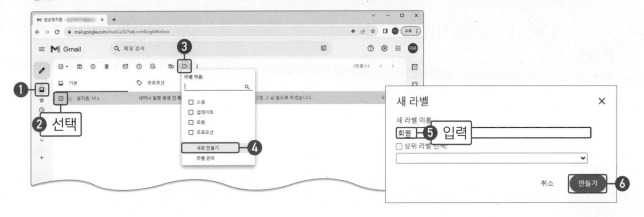

03 메일의 제목 앞에 '회원' 라벨이 표시된 것을 확인할 수 있습니다.

04 **메뉴에 '회원' 항목**이 생성되었습니다. **클릭**하면 '회원' 라벨로 묶인 메일들만 표시되는 것을 확인할 수 있습니다.

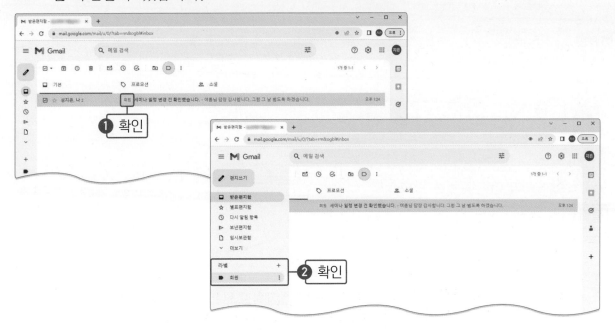

▶ 메일 삭제하기

01 Gmail 메뉴의 [받은편지함]을 클릭한 후 메일을 선택하고 상단의 [삭제(🗑)]를 클릭합니다.

02 선택한 메일이 [받은편지함]에서 사라진 것을 확인할 수 있습니다. 이어서 [더보기▼]를 클릭합니다.

03 메뉴에서 [휴지통]을 선택하면 삭제된 메일을 확인할 수 있습니다.

잠깐
휴지통의 메일은 30일 이후 영구 삭제되고, 지금 바로 삭제하길 원한다면 메일을 선택한 후 [완전삭제]를 클릭합니다. 메일 복구는 메일을 선택하고 [이동(▣▾)]을 클릭해 편지함을 선택합니다.

01 다음과 같이 서명에 자신만의 이미지를 추가해 봅니다.

준비파일 이미지_컴퓨터.jpg

 [환경설정(⚙)]–[모든 설정 보기] 선택 → [서명]의 [이미지 삽입(🖼)] 클릭 → [이미지 추가] 대화상자에서 [업로드] 탭의 [컴퓨터에서 파일 선택] 버튼 클릭 → [열기] 대화상자에서 이미지 파일 경로 선택 후 [열기] 버튼 클릭 → 서명 입력란에 그림이 삽입되면 크기 및 위치 조정 → 화면 아래의 [변경사항 저장] 버튼 클릭

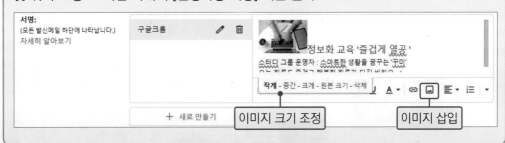

02 다음과 같이 메일을 작성해 여러 사람에게 한 번에 보내 봅니다.

09 구글 '사진' 앱 사용하기

- '포토' 앱에 사진 보관하기
- 색상 필터 활용해 사진 편집하기
- 사진 각도 조정하기
- 콜라주 기능으로 사진 합성하기
- 앨범 만들어 사진 분류하기

미/리/보/기

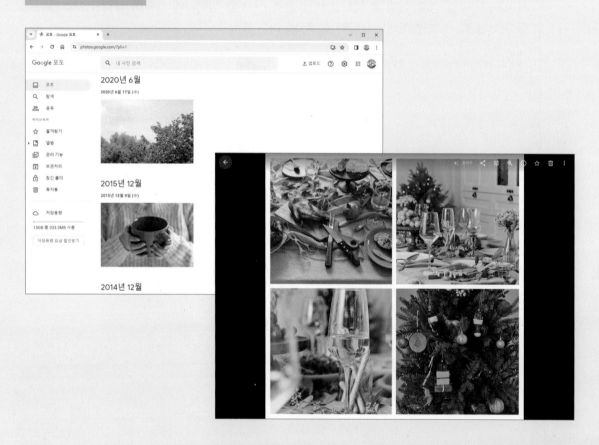

구글 '사진' 앱은 사진이나 동영상 등을 보관하고 편집하는 기능을 지원합니다. 자유롭게 사진을 업로드한 후 보정이 필요하면 바로 수정하고 앨범을 만들어 쉽게 관리할 수 있습니다. 이번 장에서는 구글 '사진' 앱을 활용해 사진을 편집하고 합성하는 방법에 대해 알아보겠습니다.

'사진' 앱 실행하기

01 크롬을 실행해 로그인을 하고 [Google 앱(▦)]–[사진]을 선택합니다.

02 '사진' 앱을 처음 실행하면 관련 안내 메시지가 나타납니다. 확인 후 [계속 사용하기] 버튼을 클릭합니다.

사진 업로드하기

01 Google 포토 페이지가 나타나면 상단의 [업로드] 버튼을 클릭합니다.

02 열기 대화상자가 나타나고 사진의 위치를 찾아 **파일을 선택**한 후 [열기] 버튼을 클릭합니다.

03 백업 화질을 선택하세요 대화상자가 나타나면 '원본 화질'을 선택하고 [계속] 버튼을 클릭합니다. 사진이 모두 업로드되면 ⊠를 클릭합니다.

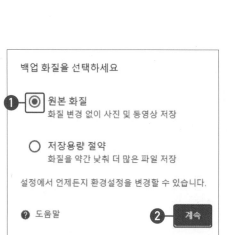

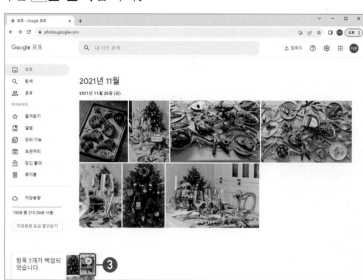

잠깐

사진 찾기

사진 업로드 시 사진의 기본 정보를 바탕으로 자동 분류가 진행되지만, 정확도가 떨어져 찾고자 하는 사진이 검색되지 않을 수도 있습니다.

01 '내 사진 검색'이라고 써 있는 검색 입력란을 클릭합니다.

02 'food' 또는 '음식'을 입력한 후 Enter 키를 누릅니다. 업로드된 사진 중 음식으로 자동 분류된 사진을 확인할 수 있습니다.

125

사진 수정하기

01 Google 포토를 실행하고 사진 목록 중 **수정하고 싶은 사진을 더블 클릭**합니다.

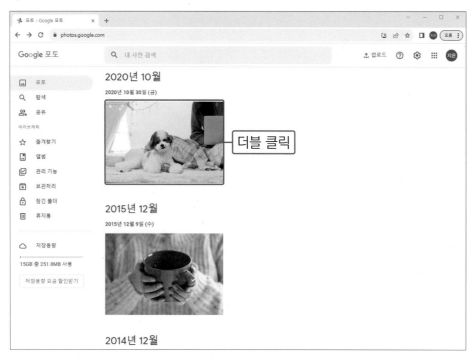

02 편집 화면으로 바뀌고 상단의 [수정(📷)]을 클릭합니다.

03 기본 조정과 자르기 및 회전 등을 할 수 있는 수정 화면이 나타납니다. [자르기 및 회전(⟳)] 버튼을 클릭합니다.

04 자르기 및 회전 페이지의 메뉴가 나타나면 **가로 방향 사진이 세로 방향으로 바뀐 것을 확인** 할 수 있습니다.

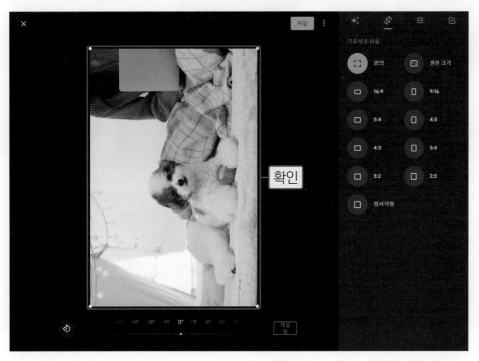

05 이어서 **각도를 조정하기 위해 '0°' 부분**으로 마우스 포인터를 이동하여 **드래그**해 조정한 후 **[저장] 버튼**을 클릭합니다.

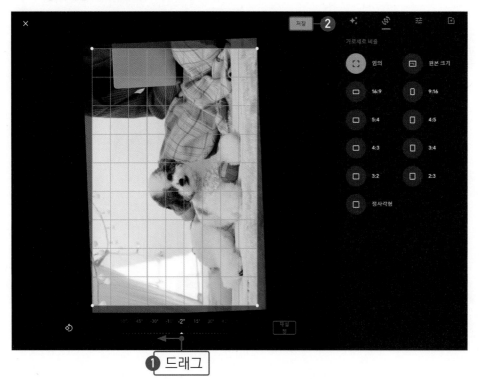

06 편집 화면으로 돌아오면 [뒤로가기(←)]를 클릭합니다.

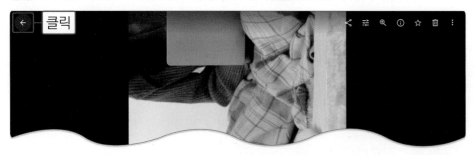

07 Google 포토 페이지가 나타납니다. 더블 클릭한 사진이 수정되어 삽입되어 있는 것을 확인할 수 있습니다.

04 콜라주 만들기

01 Google 포토 메뉴의 [관리기능(□)]을 클릭한 후 [콜라주]를 선택합니다.

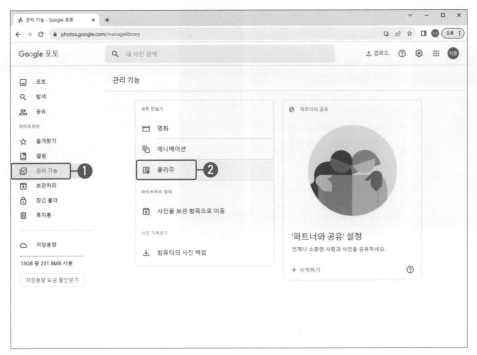

02 콜라주 만들기 화면이 나타나면 콜라주로 작성할 **사진들을 선택**하고 [만들기] 버튼을 클릭합니다.

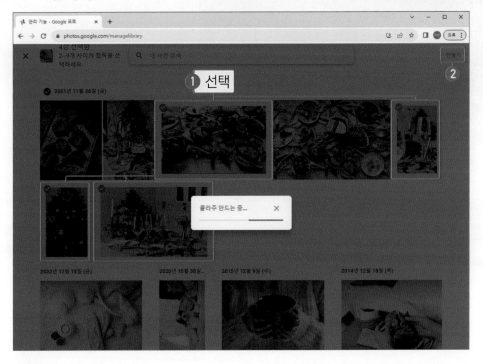

 날짜의 □를 클릭하면 해당 날짜의 모든 사진이 선택되므로, 사진의 ○ 부분을 클릭해 체크(□)합니다.

03 자동으로 프레임이 설정되어 콜라주가 구성됩니다. [뒤로가기(←)]를 클릭합니다.

04 Google 포토 페이지가 나타납니다. 메뉴의 [포토(▣)]를 클릭하면 생성된 콜라주를 확인
할 수 있습니다.

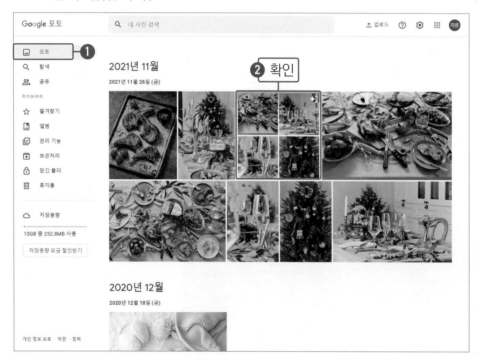

01 Google 포토 메뉴의 [앨범]을 클릭한 후 [앨범 만들기] 버튼을 클릭합니다. 제목 추가란에
앨범 제목을 입력하고 [사진 추가] 버튼을 클릭합니다.

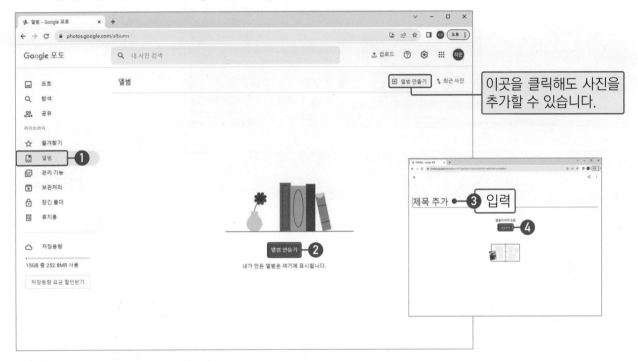

02 앨범에 추가할 사진을 모두 선택하고 [완료] 버튼을 클릭합니다.

03 앨범의 제목과 사진을 모두 확인한 후 ←를 클릭합니다.

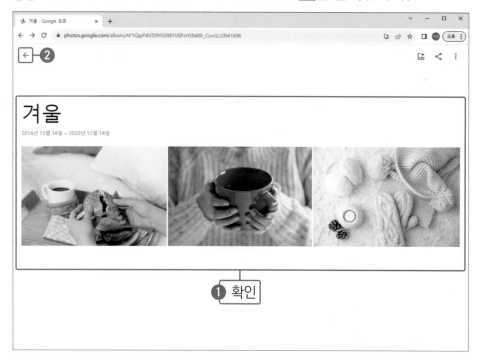

04 방금 생성한 앨범이 목록에 있는 것을 확인할 수 있습니다.

05 **앨범을 클릭**하면 포함된 사진들을 자세히 확인할 수 있습니다.

응용력 키우기

01 다음 사진을 업로드하고 '애니메이션'으로 만들어 봅니다.

 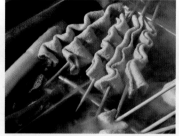 

> **힌트**
> [관리 기능(▣)] 선택 → [애니메이션] 선택 → 사진 선택 → [만들기] 클릭

02 다음 사진을 업로드하고 5장의 사진을 골라 콜라주를 작성한 후, 밝기와 색상을 조정해 봅니다.

> **힌트**
> [관리 기능(▣)] 선택 → [콜라주] 선택 → 사진 선택 → [만들기] 클릭 → [수정] 클릭 →
> [기본 조정(▦)] 탭 클릭 → 각각의 조절점 드래그 → [저장] 버튼 클릭

10 구글 '드라이브' 앱 사용하기

- '드라이브' 앱에 파일 보관하기
- '드라이브' 앱에 보관된 파일
  내 컴퓨터로 가져오기
- 오피스 문서 새로 만들기
- 오피스 문서 수정하기

미/리/보/기

구글에서는 개인 저장 공간을 지원합니다. 저장 공간에는 워드프로세서, 스프레드시트, 프레젠테이션 등 다양한 자료들을 보관할 수 있습니다. 이번 장에서는 구글의 '드라이브' 앱 서비스에 다양한 자료를 저장하고 문서를 작성하는 방법에 대해 알아보겠습니다.

'드라이브' 앱 실행하기

01 크롬을 실행해 로그인을 하고 [Google 앱(⠿)]-[드라이브]를 선택합니다.

02 Google 드라이브의 첫 페이지가 나타납니다.

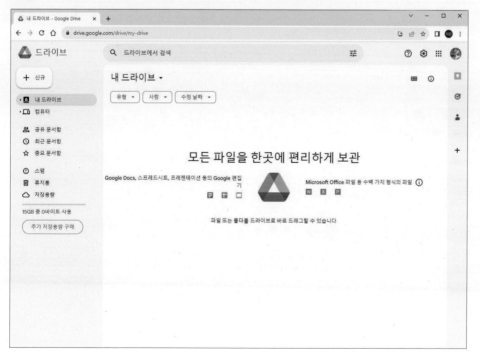

▶ 폴더 만들기

01 Google 드라이브 페이지의 [신규] 버튼을 클릭한 후 [새 폴더]를 클릭합니다.

 [내 드라이브]에서도 [새 폴더]를 선택할 수 있습니다.

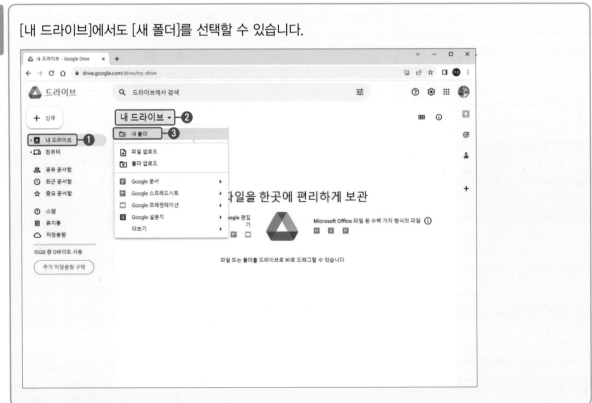

02 새 폴더 대화상자가 나타나면 폴더 이름을 '**연습용**'으로 입력하고 [**만들기**]를 클릭합니다.

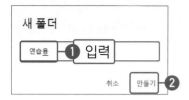

03 새로운 폴더가 생성된 것을 확인합니다. [**연습용**] 폴더를 **더블 클릭**하면 폴더를 살펴볼 수 있습니다. 현재는 비어 있는 상태입니다.

▶ 파일 업로드하기

01 [신규]-[파일 업로드]를 선택합니다. 열기 대화상자가 나타나면 **업로드할 파일을 모두 선택**한 후 [열기] 버튼을 클릭합니다.

02 파일 업로드가 완료되면 **[닫기(×)]**를 클릭합니다.

138

폴더 업로드하기

[신규]-[폴더 업로드]를 선택하면 폴더째 업로드할 수 있습니다.

(03) 저장된 파일 다운로드하기

01 내 컴퓨터에 다운로드할 파일을 선택합니다.

인접해 있는 여러 파일을 선택할 때는 Shift 키를 활용하고, 떨어져 있는 파일을 각각 선택할 때는 Ctrl 키를 활용합니다.

02 [추가 작업(⋮)]을 클릭해 [다운로드]를 선택합니다.

03 선택한 파일은 압축 파일 형태로 다운로드됩니다. 다운로드가 완료되면 왼쪽 상단에 최근 다운로드 기록 메시지가 나타납니다. **파일명을 클릭**합니다.

이곳을 클릭해 다운로드 표시줄을 닫습니다.

 잠깐 1개의 파일을 다운로드하는 경우에는 압축 파일이 생성되지 않습니다.

04 다운로드 폴더가 열립니다. 압축 파일을 마우스 오른쪽 버튼으로 클릭한 후 바로 가기 메뉴를 활용하여 원하는 장소에 압축을 해제합니다.

 잠깐 압축 파일의 아이콘은 사용자 시스템에 설치된 압축 프로그램에 따라 달라집니다.

04 오피스 문서 파일 수정하기

▶ 구글 오피스 열기

01 연습용 폴더의 '발표자료.pptx' 파일을 마우스 오른쪽 버튼으로 클릭합니다. 바로 가기 메뉴에서 [연결 앱]-[Google 프레젠테이션]을 선택합니다.

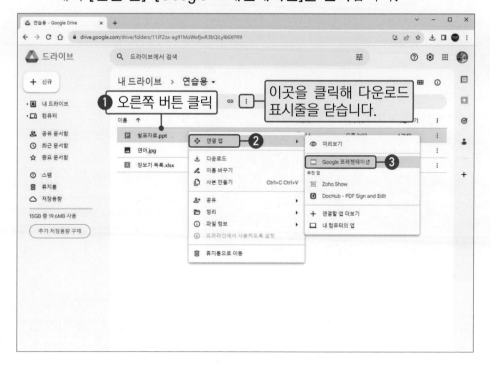

02 Google 프레젠테이션이 새 탭으로 열려 실행됩니다.

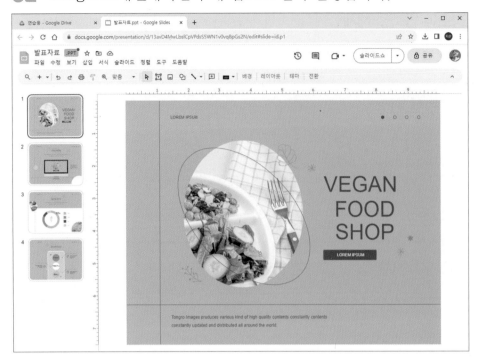

▶ 프레젠테이션 수정하기

01 [슬라이드 1]의 글상자를 선택한 후, 글꼴은 'Georgia', 크기는 '11', 정렬은 '양쪽맞춤'으로 설정합니다.

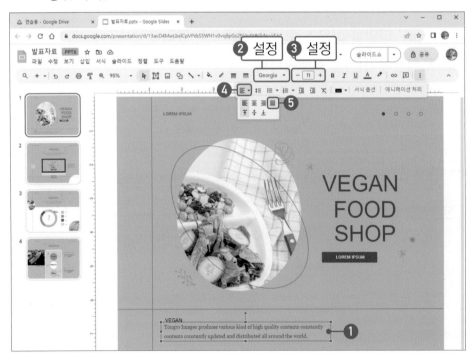

 잠깐 화면에 도구 아이콘들이 모두 표시되지 않는 경우 ⋯ 버튼이 생성됩니다. 사용자의 창의 크기에 따라 달라질 수 있습니다.

02 소제목 글상자도 선택한 후, 글꼴은 'Georgia' 정렬은 '가운데'로 설정하고 드래그해 위치를 조정합니다.

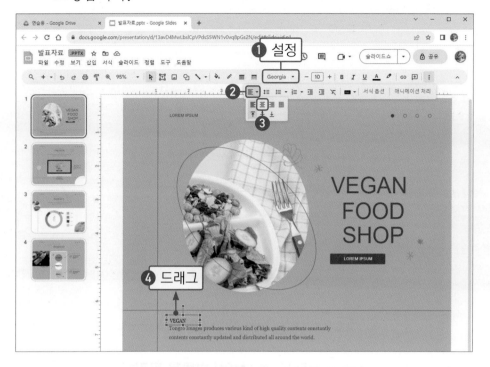

▶ 프레젠테이션에 개체 삽입하기

01 프레젠테이션에 개체를 삽입하기 위해 상단의 [삽입]-[이미지]-[드라이브]를 선택합니다.

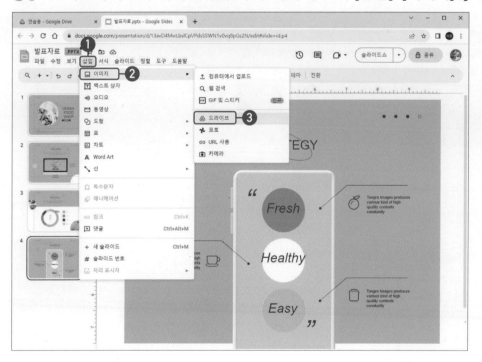

02 측면에 [Google Drive] 패널이 표시되면 [내 드라이브]의 [연습용] 폴더를 더블 클릭합니다.

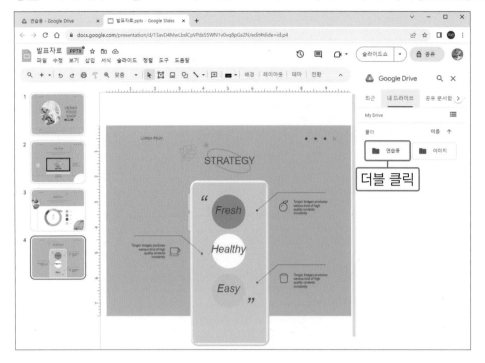

03 폴더 내의 파일이 표시되면 삽입할 **파일을 선택**한 후 [삽입] 버튼을 클릭합니다.

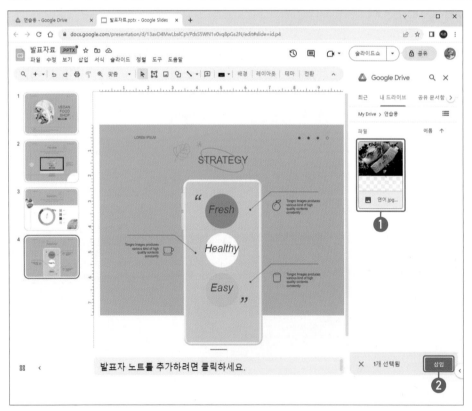

04 삽입된 이미지의 **크기 조절점을 드래그**하여 이미지의 크기를 조정합니다.

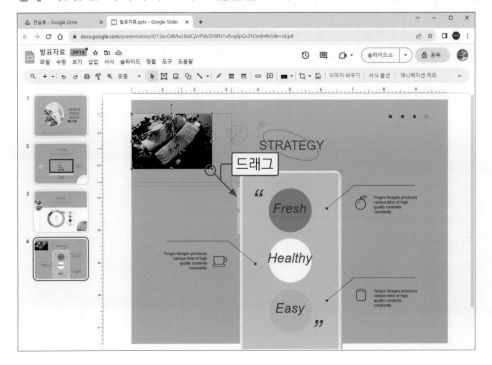

05 삽입된 이미지를 **드래그**하여 원하는 위치로 조정합니다.

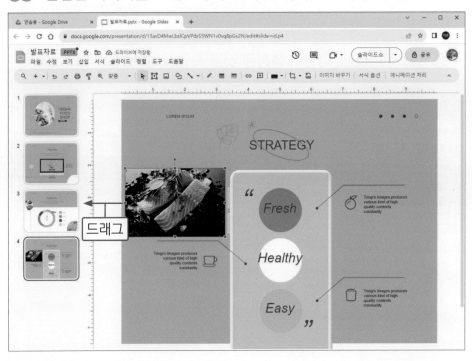

▶ 다른 이름으로 저장하기

01 파일 이름을 클릭하거나 상단의 [파일]-[이름 바꾸기]를 선택합니다. '수정 발표자료.pptx'로 제목을 수정하고 문서 탭을 닫습니다.

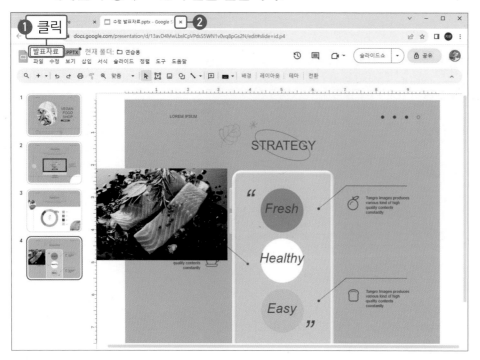

02 드라이브 페이지에 '수정 발표자료.pptx' 파일이 생성된 것을 확인할 수 있습니다.

새로운 오피스 문서 파일 만들기

01 Google 드라이브를 실행해 [신규]-[Google 문서]를 선택합니다.

02 [제목 없는 문서] 탭이 생성됩니다.

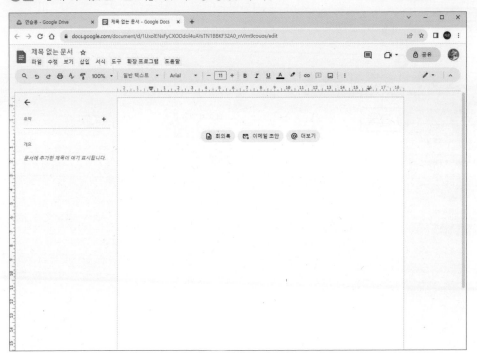

03 이어서 제목 없는 문서에 '잊어야 한다는 마음으로' 가사를 입력합니다.

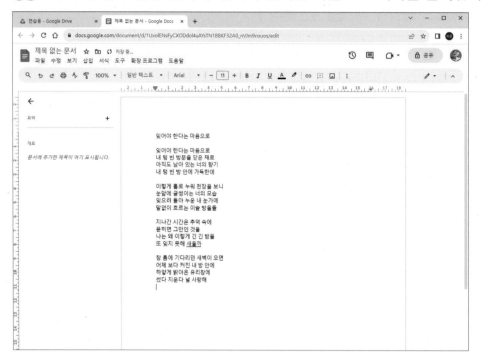

04 제목을 드래그하여 블록을 지정한 후, 글꼴은 '궁서', 크기는 '30', 정렬은 '가운데 맞춤'으로 설정합니다.

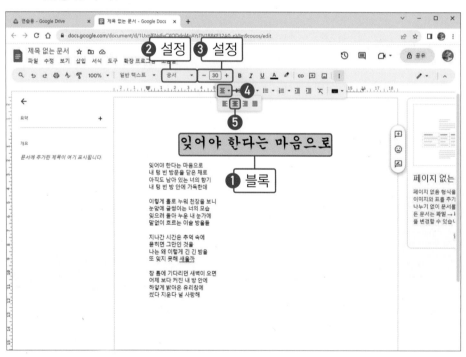

05 '제목 없는 문서'라고 쓰인 부분을 클릭하여 '잊어야 한다는 마음으로'로 제목을 수정한 후, 문
서 탭을 닫습니다.

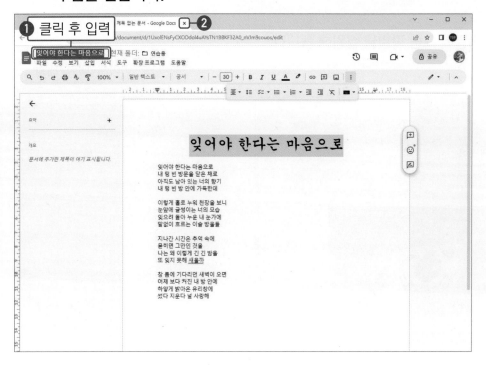

06 드라이브 페이지에 '잊어야 한다는 마음으로' 문서 파일이 생성된 것을 확인할 수 있습니다.

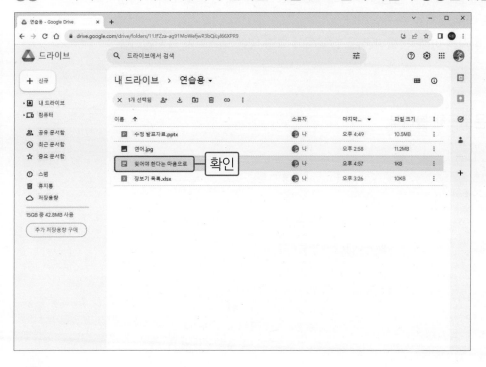

 구글 문서 파일을 다운로드하면 'Word 문서'로 변환되어 저장됩니다.

01 '애국가' 구글 문서 파일에 그림 파일을 삽입해 봅니다.

준비파일 이미지-태극기.jpg

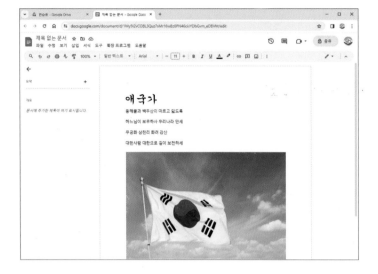

힌트

- 구글 문서 파일을 수정해야 하는 경우 [연결 앱]-[Google 문서]를 선택할 수도 있지만, 문서 파일을 더블 클릭하여 바로 실행할 수도 있습니다.
- [컴퓨터에서 업로드] 등 명령을 이용해 'Google 드라이브'에 업로드되지 않은 이미지도 문서 내로 바로 가져올 수 있습니다.
- 삽입된 이미지의 아래쪽 [줄바꿈]을 선택해야 그림 옆에 텍스트가 표시됩니다.

02 애국가 파일을 다운로드해 봅니다.

할 수 있다!
구글 크롬 기초&활용

초 판 발 행	2024년 01월 05일
발 행 인	박영일
책 임 편 집	이해욱
저 자	IT 교재연구팀
편 집 진 행	성지은
표 지 디 자 인	김도연
편 집 디 자 인	김세연
발 행 처	시대인
공 급 처	(주)시대고시기획
출 판 등 록	제 10-1521호
주 소	서울시 마포구 큰우물로 75 [도화동 538 성지 B/D] 9F
전 화	1600-3600
팩 스	02-701-8823
홈 페 이 지	www.edusd.co.kr

I S B N	979-11-383-6445-4(13000)
정 가	12,000원